Eine mediterrane kulinarische Reise

100 REZEPTE ZUR ERKUNDUNG
DER REICHEN AROMEN UND
TRADITIONEN DES
MITTELMEERRAUMS

Klaus Lange

Alle Rechte vorbehalten.

Haftungsausschluss

in diesem E-Book enthaltenen Informationen sollen als umfassende Sammlung von Strategien dienen, über die der Autor dieses E-Books recherchiert hat. Zusammenfassungen, Strategien, Tipps und Tricks stellen lediglich Empfehlungen des Autors dar und das Lesen dieses E-Books garantiert nicht, dass die eigenen Ergebnisse genau den Ergebnissen des Autors entsprechen. Der Autor des E-Books hat alle angemessenen Anstrengungen unternommen, um den Lesern des E-Books aktuelle und genaue Informationen bereitzustellen. Der Autor und seine Mitarbeiter haften nicht für etwaige unbeabsichtigte Fehler oder Auslassungen. Das Material im E-Book kann Informationen von Dritten enthalten. Materialien Dritter umfassen die von ihren Eigentümern geäußerten Meinungen. Daher übernimmt der Autor des E-Books keine Verantwortung oder Haftung für Materialien oder Meinungen Dritter. Ob aufgrund der Weiterentwicklung des Internets oder aufgrund unvorhergesehener Änderungen der Unternehmensrichtlinien und der redaktionellen Einreichungsrichtlinien: Was zum Zeitpunkt der Erstellung dieses Artikels als Tatsache angegeben wurde, kann später veraltet oder nicht mehr anwendbar sein.

Das E-Book unterliegt dem Urheberrecht © 2023 , alle Rechte vorbehalten. Es ist illegal, dieses E-Book ganz oder teilweise weiterzuverbreiten, zu kopieren oder davon abgeleitete Werke zu erstellen. Kein Teil dieses Berichts darf in irgendeiner Form ohne schriftliche und unterzeichnete Genehmigung des Autors reproduziert oder weitergegeben werden.

INHALTSVERZEICHNIS

INHALTSVERZEICHNIS..4
EINFÜHRUNG..8
MEDITERRANE VORSPEISEN..................................10

1. KNUSPRIGE GARNELENFRIKADELLEN.................................11
2. GEFÜLLTE TOMATEN..15
3. KABELJAUKÜCHLEIN MIT AIOLI.................................18
4. GARNELENKROKETTEN...22
5. KNUSPRIG GEWÜRZTE KARTOFFELN...............................25
6. GARNELEN _ GAMBAS...29
7. MUSCHELVINAIGRETTE..32
8. MIT REIS GEFÜLLTE PAPRIKA..................................36
9. CALAMARI MIT ROSMARIN UND CHILIÖL...........................39
10. TORTELLINI-SALAT..42
11. CAPRESE NUDELSALAT..45
12. BALSAMICO-BRUSCHETTA......................................47
13. PIZZABÄLLCHEN...50
14. JAKOBSMUSCHEL- UND PROSCIUTTO-HÄPPCHEN.............53
15. AUBERGINEN MIT HONIG......................................56
16. IN APFELWEIN GEKOCHTE WURST................................59
17. ITALIENISCHE HÜHNCHEN-GEBÄCKHÄPPCHEN................61
18. SPANISCHE RINDFLEISCHSPIESSE...............................64
19. KNUSPRIGE ITALIENISCHE POPCORNMISCHUNG.................68
20. ARANCINI-BÄLLCHEN...71
21. MANCHEGO MIT ORANGENKONFITÜRE.........................76
22. ITALIENISCHE NACHOS.......................................80
23. HÜHNCHEN-PINTXO..84
24. ITALIENISCHE RINDFLEISCHVERPACKUNGEN....................87

25. Italienische Peperoni-Roll-ups..................90

MEDITERRANES HAUPTGERICHT......................93

26. Italienischer spanischer Reis...................94
27. Italienische Twist-Paella........................98
28. Spanischer Kartoffelsalat......................103
29. Spanische Carbonara............................107
30. Fleischbällchen in Tomatensauce............110
31. Weisse Bohnensuppe...........................113
32. Fischsuppe..116
33. Pasta e Fagioli...................................119
34. Fleischbällchen- und Tortellini-Suppe.....122
35. Hähnchen Marsala..............................125
36. Knoblauch-Cheddar-Hähnchen..............128
37. Hähnchen-Fettuccini Alfredo.................131
38. Ziti mit Wurst....................................135
39. Wurst und Paprika..............................138
40. Leckere Lasagne................................141
41. Diavolo- Meeresfrüchte-Abendessen......145
42. Linguine und Garnelen-Scampi..............149
43. Garnelen mit Pesto-Sahnesauce............153
44. Fisch-Chorizo-Suppe...........................156
45. Spanisches Ratatouille........................159
46. Bohnen-Chorizo-Eintopf......................162
47. Gazpacho...165
48. Tintenfisch und Reis...........................169
49. Kanincheneintopf in Tomate.................173
50. Garnelen mit Fenchel..........................176

MEDITERRANES DESSERT..........................179

51. Schokoladen-Panna Cotta....................180
52. Käse-Galette mit Salami......................183
53. Tiramisu..187
54. Cremiger Ricotta-Kuchen.....................190

55. Aniskekse 192
56. Panna Cotta 195
57. Karamell-Flan 198
58. Katalanische Creme 201
59. Spanische Orangen-Zitronen-Creme 204
60. Betrunkene Melone 207
61. Mandelsorbet 210
62. Spanische Apfeltorte 213
63. Karamell -Pudding 217
64. Spanischer Käsekuchen 220
65. Spanischer frittierter Vanillepudding 223
66. Italienischer Artischockenkuchen 227
67. Italienische gebackene Pfirsiche 231
68. Würziger italienischer Pflaumen-Pflaumen-Kuchen
.... 234
69. Spanische Nussbonbons 238
70. Honig - Pudding _ 240
71. Spanische Zwiebeltorte 243
72. Spanisches Pfannensoufflé 246
73. Gefrorener Honig-Semifreddo 248
74. Zabaglione 252
75. Affogato 255

MEDITERRANE GETRÄNKE 257

76. Rum und Ingwer 258
77. Italienische Sahnesoda 260
78. Spanische Sangria 262
79. Tinto de verano 265
80. Weisswein-Sangria 267
81. Horchata 270
82. Licor 43 Cuba Libre 273
83. Frucht Agua Fresca 275
84. Caipirinha 277

85. Carajillo 279
86. Zitronenlikör 281
87. Sgroppino 285
88. Aperol Spritz 287
89. Brombeer-italienisches Soda 289
90. Italienischer Kaffee Granita 291
91. Italienische Basilikumlimonade 293
92. Gingermore 296
93. Hugo 298
94. Spanischer Frappé aus frischen Früchten 301
95. spanischer Art 303
96. Grüner Chinotto 305
97. Rose Spritz 307
98. Honey Bee Cortado 309
99. Zitrusbitter 311
100. Pisco Sour 314

ABSCHLUSS **316**

EINFÜHRUNG

Willkommen bei „Eine kulinarische Reise durch das Mittelmeer." Der Mittelmeerraum mit seinen atemberaubenden Landschaften und vielfältigen Kulturen ist seit langem für seine lebendige Küche bekannt, die die Essenz des Lebens selbst widerspiegelt. Dieses Kochbuch ist eine Einladung, in die Aromen, Farben und Geschichten einzutauchen, die das kulinarische Angebot dieser zeitlosen Region geprägt haben.

Von den Küsten Griechenlands bis zu den Hügeln Italiens, von den Märkten Marokkos bis zu den Weinbergen Spaniens bietet jede Ecke des Mittelmeers ein einzigartiges und bezauberndes kulinarisches Erlebnis. Auf diesen Seiten entdecken Sie eine sorgfältig zusammengestellte Sammlung von Rezepten, die eine Hommage an die Fülle an frischen Zutaten, aromatischen Kräutern und kräftigen Gewürzen der Region sind. Egal, ob Sie ein traditionelles Familiengericht nachkochen oder sich auf ein neues kulinarisches Abenteuer einlassen, diese Rezepte fangen das Herz und die Seele der mediterranen Küche ein.

Lassen Sie sich von der Einfachheit und Eleganz inspirieren, die die mediterrane Küche ausmacht. Unsere gemeinsame Reise wird eine Mischung aus Meeresfrüchten, duftenden Olivenölen, sonnenverwöhntem Gemüse und den herrlichen Lachmelodien am Tisch umfassen. Wenn Sie sich mit den Rezepten befassen, beherrschen Sie nicht nur Techniken, sondern entwickeln auch eine Wertschätzung für die Freude am Zusammensein, Teilen und Genießen der Freuden des Lebens.

MEDITERRANE VORSPEISEN

1. Knusprige Garnelenfrikadellen

Für 6 Personen

Zutaten :

- ½ Pfund kleine Garnelen, geschält
- 1½ Tassen Kichererbsenmehl oder normales Mehl
- 1 Esslöffel gehackte frische glatte Petersilie
- 3 Frühlingszwiebeln, der weiße Teil und etwas zartes Grün, fein gehackt
- ½ Teelöffel süßer Paprika/Piment
- Salz
- Olivenöl zum Frittieren

Wegbeschreibung :

a) Die Garnelen in einem Topf mit so viel Wasser kochen, dass sie bedeckt sind, und bei starker Hitze zum Kochen bringen.

b) Mehl, Petersilie, Frühlingszwiebeln und Piment in einer Schüssel oder Küchenmaschine zu einem Teig vermengen. Das abgekühlte Kochwasser und eine Prise Salz hinzufügen.

c) Mischen oder verarbeiten, bis eine Konsistenz entsteht, die etwas dicker als Pfannkuchenteig ist. Nach dem Abdecken 1 Stunde im Kühlschrank lagern.

d) Nehmen Sie die Garnelen aus dem Kühlschrank und zerkleinern Sie sie fein. Der Kaffeesatz sollte der Größe der Stücke entsprechen.

e) Den Teig aus dem Kühlschrank nehmen und die Garnelen unterrühren.

f) Gießen Sie das Olivenöl in eine schwere Bratpfanne bis zu einer Tiefe von etwa 2,5 cm und erhitzen Sie es bei starker Hitze, bis es praktisch raucht.

g) Gießen Sie für jedes Küchlein 1 Esslöffel Teig in das Öl und drücken Sie den Teig mit der Rückseite eines Löffels zu einem Kreis mit einem Durchmesser von 8,9 cm flach.

h) Auf jeder Seite etwa 1 Minute braten, dabei einmal wenden, bis die Krapfen goldbraun und knusprig sind.

i) Die Krapfen mit einem Schaumlöffel herausnehmen und auf eine ofenfeste Form legen.

j) Sofort servieren.

2. Gefüllte Tomaten

Zutaten :

- 8 kleine Tomaten oder 3 große
- 4 hartgekochte Eier, abgekühlt und geschält
- 6 Esslöffel Aioli oder Mayonnaise
- Salz und Pfeffer
- 1 Esslöffel Petersilie, gehackt
- 1 Esslöffel weiße Semmelbrösel, wenn große Tomaten verwendet werden

Wegbeschreibung :

a) Tauchen Sie die Tomaten in eine Schüssel mit Eiswasser oder sehr kaltem Wasser, nachdem Sie sie 10 Sekunden lang in einem Topf mit kochendem Wasser enthäutet haben.

b) Schneiden Sie die Spitzen der Tomaten ab. Schaben Sie mit einem Teelöffel oder einem kleinen, scharfen Messer die Kerne und das Innere ab.

c) Die Eier mit der Aioli (oder Mayonnaise, falls verwendet), Salz, Pfeffer und Petersilie in einer Rührschüssel zerdrücken.

d) Füllen Sie die Tomaten mit der Füllung und drücken Sie sie fest an. Setzen Sie die Deckel in einem flotten Winkel wieder auf die kleinen Tomaten.

e) Füllen Sie die Tomaten bis zum Rand und drücken Sie sie fest an, bis sie eben sind. 1 Stunde in den Kühlschrank stellen, bevor Sie es mit einem scharfen Tranchiermesser in Ringe schneiden.

f) Mit Petersilie garnieren .

3. Kabeljauküchlein mit Aioli

Für 6 Personen

Zutaten :

- 1 Pfund Kabeljau , eingeweicht
- 3 1/2 Unzen getrocknete weiße Semmelbrösel
- 1/4 Pfund mehlige Kartoffeln
- Olivenöl zum flachen Braten
- 1/4 Tasse Milch
- Zum Servieren Zitronenspalten und Salatblätter
- 6 Frühlingszwiebeln fein gehackt
- Aioli

Wegbeschreibung :

a) In einem Topf mit leicht gesalzenem kochendem Wasser die ungeschälten Kartoffeln etwa 20 Minuten lang kochen, bis sie weich sind. Abfluss.

b) Schälen Sie die Kartoffeln, sobald sie kalt genug zum Anfassen sind, und zerdrücken Sie sie dann mit einer Gabel oder einem Kartoffelstampfer.

c) In einem Topf die Milch und die Hälfte der Frühlingszwiebeln vermischen und zum Kochen bringen. Geben Sie den eingeweichten Kabeljau hinzu und pochieren Sie ihn 10–15 Minuten lang oder bis er leicht zerfällt. Den Kabeljau aus der Pfanne nehmen und mit einer Gabel in eine Schüssel geben, dabei Gräten und Haut entfernen.

d) 4 Esslöffel Kartoffelpüree mit dem Kabeljau vermengen und mit einem Holzlöffel vermischen.

e) Das Olivenöl einarbeiten und dann nach und nach das restliche Kartoffelpüree hinzufügen. Die restlichen Frühlingszwiebeln und Petersilie in einer Rührschüssel vermischen.

f) Nach Geschmack mit Zitronensaft und Pfeffer würzen.

g) In einer separaten Schüssel ein Ei gut verrühren und dann kalt stellen, bis es fest ist.

h) Rollen Sie die gekühlte Fischmischung zu 12-18 Kugeln und drücken Sie sie dann vorsichtig zu kleinen runden Küchlein flach.

i) Jedes Stück sollte zuerst mit Mehl bestäubt, dann in das restliche geschlagene Ei getaucht und mit trockenen Semmelbröseln verfeinert werden.

j) Bis zum Braten kühl stellen.

k) In einer großen, schweren Bratpfanne etwa 1 cm Öl erhitzen. Die Krapfen etwa 4 Minuten bei mittlerer bis hoher Hitze backen.

l) Drehen Sie sie um und kochen Sie sie weitere 4 Minuten lang oder bis sie auf der anderen Seite knusprig und goldbraun sind.

m) Vor dem Servieren mit Aioli, Zitronenspalten und Salatblättern auf Küchenpapier abtropfen lassen.

4. Garnelenkroketten

Ergibt ca. 36 Einheiten

Zutaten :

- 3 1/2 Unzen Butter
- 4 Unzen einfaches Mehl
- 1 1/4 Pints kalte Milch
- Salz und Pfeffer
- 14 oz gekochte, geschälte Garnelen, gewürfelt
- 2 Teelöffel Tomatenpüree
- 5 oder 6 Esslöffel feine Semmelbrösel
- 2 große Eier, geschlagen
- Olivenöl zum Frittieren

Wegbeschreibung :

a) In einem mittelgroßen Topf die Butter schmelzen und das Mehl unter ständigem Rühren hinzufügen.

b) Unter ständigem Rühren die gekühlte Milch langsam einrieseln lassen, bis eine dicke, glatte Soße entsteht.

c) Die Garnelen dazugeben, großzügig mit Salz und Pfeffer würzen und dann das Tomatenmark unterrühren. Weitere 7 bis 8 Minuten kochen lassen.

d) Nehmen Sie einen knappen Esslöffel der **Zutaten** und rollen Sie ihn zu 1 1/2 - 2 Zoll großen Zylinderkroketten.

e) Die Kroketten in Semmelbröseln wälzen, dann im verquirlten Ei und zum Schluss in den Semmelbröseln wälzen.

f) In einer großen Pfanne mit starkem Boden das Öl zum Frittieren erhitzen, bis es eine Temperatur von 350 °F erreicht oder ein Brotwürfel in 20–30 Sekunden goldbraun wird.

g) In Portionen von höchstens 3 oder 4 Stück ca. 5 Minuten goldbraun braten.

h) Nehmen Sie das Hähnchen mit einem Schaumlöffel heraus, lassen Sie es auf Küchenpapier abtropfen und servieren Sie es sofort.

5. Knusprig gewürzte Kartoffeln

Für 4 Personen

Zutaten :

- 3 Esslöffel Olivenöl
- 4 rotbraune Kartoffeln, geschält und in Würfel geschnitten
- 2 Esslöffel gehackte Zwiebel
- 2 Knoblauchzehen, gehackt
- Salz und frisch gemahlener schwarzer Pfeffer
- 1 1/2 Esslöffel spanischer Paprika
- 1/4 Teelöffel Tabasco-Sauce
- 1/4 Teelöffel gemahlener Thymian
- 1/2 Tasse Ketchup
- 1/2 Tasse Mayonnaise
- Gehackte Petersilie zum Garnieren
- 1 Tasse Olivenöl zum Braten

Wegbeschreibung :

Die Brava-Sauce:

a) 3 Esslöffel Olivenöl in einem Topf bei mittlerer Hitze erhitzen. Zwiebel und Knoblauch anbraten, bis die Zwiebel weich ist.

b) Die Pfanne vom Herd nehmen und Paprika, Tabasco-Sauce und Thymian unterrühren.

c) In einer Rührschüssel Ketchup und Mayonnaise vermischen.

d) Nach Geschmack mit Salz und Pfeffer würzen. Aus der Gleichung entfernen.

Die Kartoffeln:

e) Die Kartoffeln leicht mit Salz und schwarzem Pfeffer würzen.

f) Die Kartoffeln in 1 Tasse (8 fl. oz.) Olivenöl in einer großen Pfanne braten, bis sie goldbraun und gar sind, dabei gelegentlich wenden.

g) Lassen Sie die Kartoffeln auf Küchenpapier abtropfen, probieren Sie sie und würzen Sie sie bei Bedarf mit zusätzlichem Salz.

h) Damit die Kartoffeln knusprig bleiben, vermischen Sie sie kurz vor dem Servieren mit der Soße.

i) Warm servieren, garniert mit gehackter Petersilie.

6. Garnelen _ Gambas

Für 6 Personen

Zutaten :

- 1/2 Tasse Olivenöl
- Saft von 1 Zitrone
- 2 Teelöffel Meersalz
- 24 mittelgroße Garnelen , in der Schale mit intakten Köpfen

Wegbeschreibung :

a) In einer Rührschüssel Olivenöl, Zitronensaft und Salz vermischen und verrühren, bis alles gut vermischt ist. Um die Garnelen leicht zu bedecken, tauchen Sie sie einige Sekunden lang in die Mischung.

b) Erhitzen Sie das Öl in einer trockenen Pfanne bei starker Hitze. Geben Sie die Garnelen portionsweise in einer einzigen Schicht hinzu, ohne die Pfanne zu überfüllen, wenn sie sehr heiß ist. 1 Minute anbraten

c) Reduzieren Sie die Hitze auf mittlere Stufe und kochen Sie es eine weitere

Minute lang. Erhöhen Sie die Hitze auf eine hohe Stufe und braten Sie die Garnelen weitere 2 Minuten an, bis sie goldbraun sind.

d) Halten Sie die Garnelen im niedrigen Ofen auf einem ofenfesten Teller warm.

e) Die restlichen Garnelen auf die gleiche Weise kochen.

7. Muschelvinaigrette

Portionen: Ergibt 30 Tapas

Zutaten :

- 2 1/2 Dutzend Muscheln, geschrubbt und Bärte entfernt, zerkleinerter Salat
- 2 Esslöffel gehackte Frühlingszwiebeln
- 2 Esslöffel gehackter grüner Pfeffer
- 2 Esslöffel gehackte rote Paprika
- 1 Esslöffel gehackte Petersilie
- 4 Esslöffel Olivenöl
- 2 Esslöffel Essig oder Zitronensaft
- Ein Schuss rote Pfeffersauce
- Salz nach Geschmack

Wegbeschreibung :

a) Die Muscheln offen dämpfen.

b) Legen Sie sie in einen großen Topf mit Wasser. Abdecken und bei starker Hitze unter gelegentlichem Rühren in der Pfanne garen, bis sich die Schalen öffnen. Nehmen Sie die Muscheln vom

Feuer und werfen Sie die Muscheln weg, die sich nicht öffnen.

c) Muscheln können zum Öffnen auch in der Mikrowelle erhitzt werden. Erhitzen Sie sie eine Minute lang bei maximaler Leistung in einer mikrowellengeeigneten Schüssel, die teilweise abgedeckt ist.

d) Nach dem Rühren noch eine Minute in der Mikrowelle erhitzen. Eventuell geöffnete Muscheln herausnehmen und noch eine Minute in der Mikrowelle garen. Entfernen Sie die offenen noch einmal.

e) Nehmen Sie die leeren Schalen heraus und entsorgen Sie sie, sobald sie kalt genug zum Anfassen sind.

f) Legen Sie die Muscheln auf einem Serviertablett kurz vor dem Servieren auf ein Bett aus zerkleinertem Salat.

g) Zwiebel, grüne und rote Paprika, Petersilie, Öl und Essig in einer Rührschüssel vermischen.

h) Salz und rote Pfeffersauce nach Geschmack. Füllen Sie die

Muschelschalen zur Hälfte mit der Mischung.

8. Mit Reis gefüllte Paprika

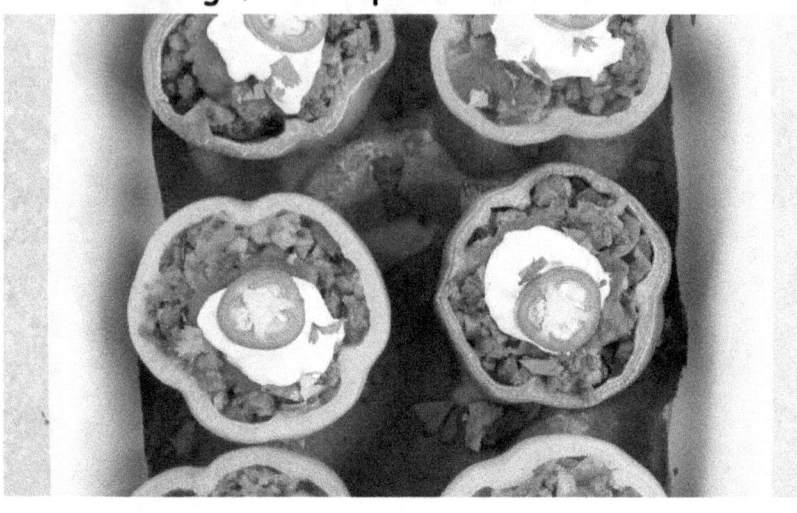

Portionen: 4

Zutaten :

- 1 Pfund 2 Unzen kurzkörniger spanischer Reis, wie Bomba oder Calasparra
- 2-3 Esslöffel Olivenöl
- 4 große rote Paprika
- 1 kleine rote Paprika, gehackt
- 1/2 Zwiebel, gehackt
- 1/2 Tomate, gehäutet und gehackt
- 5 Unzen gehacktes Schweinefleisch oder 3 Unzen gesalzener Kabeljau
- Safran
- Gehackte frische Petersilie
- Salz

Wegbeschreibung :

a) Kratzen Sie die inneren Membranen mit einem Teelöffel heraus, nachdem Sie die Stielenden der Paprika abgeschnitten und als Deckel aufbewahrt haben, um sie später wieder einzusetzen.

b) Das Öl erhitzen und die rote Paprika vorsichtig anbraten, bis sie weich ist.

c) Braten Sie die Zwiebel an, bis sie weich ist, fügen Sie dann das Fleisch hinzu und bräunen Sie es leicht an. Fügen Sie nach ein paar Minuten die Tomate hinzu und fügen Sie dann die gekochte Paprika, den rohen Reis, den Safran und die Petersilie hinzu. Mit Salz abschmecken.

d) Füllen Sie die Paprikaschoten vorsichtig und legen Sie sie mit der Seite auf eine ofenfeste Form. Achten Sie darauf, dass die Füllung nicht verschüttet wird.

e) Das Gericht im heißen Ofen zugedeckt ca. 1 1/2 Stunden garen.

f) Der Reis wird in der Tomaten- und Paprikaflüssigkeit gekocht.

9. Calamari mit Rosmarin und Chiliöl

Portionen: 4

Zutaten :

- Natives Olivenöl extra
- 1 Bund frischer Rosmarin
- 2 ganze rote Chilischoten, entkernt und fein gehackt, 150 ml Sahne
- 3 Eigelb
- 2 Esslöffel geriebener Parmesankäse
- 2 Esslöffel Mehl
- Salz und frisch gemahlener schwarzer Pfeffer
- 1 Knoblauchzehe, geschält und zerdrückt
- 1 Teelöffel getrockneter Oregano
- Pflanzenöl zum Frittieren
- 6 Tintenfische, gereinigt und in Ringe geschnitten
- Salz

Wegbeschreibung :

a) Für das Dressing das Olivenöl in einem kleinen Topf erhitzen und Rosmarin und

Chili unterrühren. Aus der Gleichung entfernen.

b) In einer großen Rührschüssel Sahne, Eigelb, Parmesan, Mehl, Knoblauch und Oregano verrühren. Mischen, bis der Teig glatt ist. Mit schwarzem Pfeffer, frisch gemahlen, würzen.

c) Erhitzen Sie das Öl zum Frittieren auf 200 °C oder bis ein Brotwürfel in 30 Sekunden braun wird.

d) Tauchen Sie die Tintenfischringe einzeln in den Teig und legen Sie sie vorsichtig in das Öl. Etwa 2-3 Minuten goldbraun backen.

e) Auf Küchenpapier abtropfen lassen und sofort mit dem Dressing darüber gießen. Bei Bedarf mit Salz abschmecken.

10. Tortellini-Salat

Portionen: 8

Zutaten :

- 1 Packung dreifarbige Käse-Tortellini
- ½ Tasse gewürfelte Peperoni
- ¼ Tasse geschnittene Frühlingszwiebeln
- 1 gewürfelte grüne Paprika
- 1 Tasse halbierte Kirschtomaten
- 1¼ Tassen geschnittene Kalamata-Oliven
- ¾ Tasse gehackte marinierte Artischockenherzen 6 oz. gewürfelter Mozzarella-Käse 1/3 Tasse italienisches Dressing

Wegbeschreibung :

a) Die Tortellini nach Packungsanweisung kochen **und** abtropfen lassen.

b) Die Tortellini mit den restlichen **Zutaten** , außer dem Dressing, in eine große Rührschüssel geben.

c) Das Dressing darüber träufeln.

d) Zum Abkühlen 2 Stunden beiseite stellen.

11. Caprese Nudelsalat

Portionen: 8

Zutaten :

- 2 Tassen gekochte Penne-Nudeln
- 1 Tasse Pesto
- 2 gehackte Tomaten
- 1 Tasse gewürfelter Mozzarella-Käse
- Salz und Pfeffer nach Geschmack
- 1/8 Teelöffel Oregano
- 2 Teelöffel Rotweinessig

Wegbeschreibung :

a) Kochen Sie die Nudeln gemäß der Packungsanleitung , was etwa 12 Minuten dauern sollte. Abfluss.

b) In einer großen Rührschüssel Nudeln, Pesto, Tomaten und Käse vermengen. Mit Salz, Pfeffer und Oregano würzen.

c) Rotweinessig darüber träufeln.

d) 1 Stunde im Kühlschrank ruhen lassen.

12. Balsamico-Bruschetta

Portionen: 8

Zutaten :

- 1 Tasse entkernte und gewürfelte Roma-Tomaten
- $\frac{1}{4}$ Tasse gehacktes Basilikum
- $\frac{1}{2}$ Tasse geriebener Pecorino-Käse
- 1 gehackte Knoblauchzehe
- 1 Esslöffel Balsamico-Essig
- 1 Teelöffel Olivenöl
- Mit Salz und Pfeffer abschmecken – Vorsicht, da der Käse von sich aus etwas salzig ist.
- 1 geschnittener Laib französisches Brot
- 3 Esslöffel Olivenöl
- $\frac{1}{4}$ Teelöffel Knoblauchpulver
- $\frac{1}{4}$ Teelöffel Basilikum

Wegbeschreibung :

a) In einer Rührschüssel Tomaten, Basilikum, Pecorino-Käse und Knoblauch vermischen.

b) In einer kleinen Rührschüssel den Essig und 1 Esslöffel Olivenöl verquirlen; zur Seite legen. c) Die Brotscheiben mit Olivenöl, Knoblauchpulver und Basilikum beträufeln.

c) Auf eine Backform legen und 5 Minuten bei 350 Grad rösten.

d) Aus dem Ofen nehmen. Dann die Tomaten-Käse-Mischung darüber geben.

e) Bei Bedarf mit Salz und Pfeffer würzen.

f) Sofort servieren.

13. Pizzabällchen

Portionen: 10

Zutaten :

- 1 Pfund zerbröckelte gemahlene Wurst
- 2 Tassen Bisquick-Mischung
- 1 gehackte Zwiebel
- 3 gehackte Knoblauchzehen
- $\frac{3}{4}$ Teelöffel italienisches Gewürz
- 2 Tassen geriebener Mozzarella-Käse
- 1 $\frac{1}{2}$ Tassen Pizzasauce – geteilt
- $\frac{1}{4}$ Tasse Parmesankäse

Wegbeschreibung :

a) Ofen auf 400 Grad Fahrenheit vorheizen.

b) Bereiten Sie ein Backblech vor, indem Sie es mit Antihaft-Kochspray einsprühen.

c) Mischen Sie die Wurst, die Bisquick-Mischung, die Zwiebel, den Knoblauch, das italienische Gewürz, den Mozzarella-Käse und 12 Tassen Pizzasauce in einer Rührschüssel.

d) Geben Sie danach gerade so viel Wasser hinzu, bis es verarbeitbar ist.

e) Rollen Sie den Teig in 1-Zoll-Kugeln.

f) Den Parmesankäse über die Pizzabällchen träufeln.

g) Anschließend legen Sie die Kugeln auf das vorbereitete Backblech.

h) Den Ofen auf 350 °F vorheizen und 20 Minuten backen.

i) Mit der restlichen Pizzasauce zum Dippen als Beilage servieren.

14. Jakobsmuschel- und Prosciutto-Häppchen

Portionen: 8

Zutaten :

- ½ Tasse dünn geschnittener Prosciutto
- 3 Esslöffel Frischkäse
- 1 Pfund Jakobsmuscheln
- 3 Esslöffel Olivenöl
- 3 gehackte Knoblauchzehen
- 3 Esslöffel Parmesankäse
- Mit Salz und Pfeffer abschmecken – Vorsicht, der Prosciutto wird salzig

Wegbeschreibung :

a) Auf jede Prosciutto-Scheibe eine kleine Schicht Frischkäse auftragen.

b) Als nächstes wickeln Sie eine Scheibe Prosciutto um jede Jakobsmuschel und befestigen Sie sie mit einem Zahnstocher.

c) In einer Pfanne das Olivenöl erhitzen.

d) Den Knoblauch 2 Minuten in einer Pfanne anbraten.

e) Die in Folie eingewickelten Jakobsmuscheln dazugeben und auf jeder Seite 2 Minuten braten.

f) Parmesankäse darüber verteilen.

g) Nach Belieben Salz und Pfeffer hinzufügen.

h) Wringen Sie die überschüssige Flüssigkeit mit einem Papiertuch aus.

15. Auberginen mit Honig

Portionen : 2

Zutaten :

- 3 Esslöffel Honig
- 3 Auberginen
- 2 Tassen Milch
- 1 Esslöffel Salz
- 1 Esslöffel Pfeffer
- 100g Mehl
- 4 Esslöffel Olivenöl

Wegbeschreibung :

a) Die Aubergine in dünne Scheiben schneiden.

b) In einer Rührschüssel die Auberginen vermischen. Gießen Sie so viel Milch in die Schüssel, dass die Auberginen vollständig bedeckt sind. Mit einer Prise Salz würzen.

c) Mindestens eine Stunde einwirken lassen.

d) Die Auberginen aus der Milch nehmen und beiseite stellen. Jede Scheibe mit Mehl bestreichen. Mit einer Salz-Pfeffer-Mischung bestreichen.

e) In einer Pfanne das Olivenöl erhitzen. Die Auberginenscheiben bei 180 Grad C frittieren.

f) Legen Sie die gebratenen Auberginen auf Papiertücher, um überschüssiges Öl aufzusaugen.

g) Die Auberginen mit Honig beträufeln.

h) Aufschlag.

16. In Apfelwein gekochte Wurst

Portionen : 3

Zutaten :

- 2 Tassen Apfelwein
- 8 Chorizo-Würstchen
- 1 Esslöffel Olivenöl

Wegbeschreibung :

a) Die Chorizo in dünne Scheiben schneiden.

b) In einer Pfanne das Öl erhitzen. Den Ofen auf mittlere Stufe vorheizen.

c) Die Chorizo unterheben. Frittieren, bis sich die Farbe des Lebensmittels ändert.

d) Den Apfelwein einfüllen. 10 Minuten kochen lassen oder bis die Soße etwas eingedickt ist.

e) Zu diesem Gericht sollte Brot serviert werden.

f) Genießen!!!

17. Italienische Hühnchen-Gebäckhäppchen

Portionen : 8 Bündel

Zutat

- 1 Dose Halbmondrollen (8 Rollen)
- 1 Tasse Gehacktes, gekochtes Hähnchen
- 1 Esslöffel Spaghettisoße
- $\frac{1}{2}$ Teelöffel Zerhackter Knoblauch
- 1 Esslöffel Mozzarella Käse

Wegbeschreibung :

a) Heizen Sie den Ofen auf 350 Grad Fahrenheit vor. Das Hähnchenfleisch, die Soße und den Knoblauch in einer Pfanne vermengen und anbraten, bis alles durchgewärmt ist.

b) Dreiecke aus einzelnen Halbmondrollen. Verteilen Sie die Hühnermischung in der Mitte jedes Dreiecks.

c) Falls gewünscht, den Käse auf ähnliche Weise verteilen.

d) Drücken Sie die Seiten der Rolle zusammen und wickeln Sie sie um das Huhn.

e) Auf einem Backstein 15 Minuten backen oder bis es goldbraun ist.

18. Spanische Rindfleischspieße

Portionen : 4 Portionen

Zutat

- ½ Tasse Orangensaft
- ¼ Tasse Tomatensaft
- 2 Teelöffel Olivenöl
- 1½ Teelöffel Zitronensaft
- 1 Teelöffel Oder e Gano, getrocknet
- ½ Teelöffel Paprika
- ½ Teelöffel Kreuzkümmel, gemahlen
- ¼ Teelöffel Salz
- ¼ Teelöffel Pfeffer, schwarz
- 10 Unzen Mageres Rindfleisch ohne Knochen; in 2" große Würfel schneiden
- 1 mittel Rote Zwiebel; in 8 Spalten schneiden
- Jeweils 8 Kirschtomaten

Wegbeschreibung :

a) Um die Marinade zuzubereiten, vermischen Sie Orangen- und Tomatensaft, Öl, Zitronensaft, Oregano, Paprika, Kreuzkümmel, Salz und Pfeffer in einem verschließbaren Plastikbeutel in Gallonengröße.

b) Fügen Sie die Fleischwürfel hinzu; Verschließen Sie den Beutel und drücken Sie dabei die Luft heraus. drehen, um das Rindfleisch zu bedecken.

c) Mindestens 2 Stunden oder über Nacht im Kühlschrank lagern, dabei den Beutel hin und wieder hin und her werfen. Bestreichen Sie den Grillrost mit Antihaft-Kochspray.

d) Stellen Sie den Grillrost 5 Zoll von den Kohlen entfernt auf. Befolgen Sie beim Grillen die Herstellerangaben.

e) Das Steak abtropfen lassen und die Marinade beiseite stellen.

f) Mit 4 Metallspießen oder getränkten Bambusspießen gleiche Mengen Rindfleisch, Zwiebeln und Tomaten auffädeln.

g) Grillen Sie die Kebabs 15 bis 20 Minuten lang oder bis sie nach Ihrem Geschmack fertig sind, drehen Sie sie dabei häufig um und bestreichen Sie sie mit der reservierten Marinade.

19. Knusprige italienische Popcornmischung

Portionen : 10 Portionen

Zutat

- 10 Tassen Gepopptes Popcorn; 3,5 Unzen, Mikrowellenbeutel ist diese Menge
- 3 Tassen Maissnacks in Form eines Signalhorns
- ¼ Tasse Margarine oder Butter
- 1 Teelöffel Italienisches Gewürz
- ½ Teelöffel Knoblauchpulver
- ⅓ Tasse Parmesan Käse

Wegbeschreibung :

a) In einer großen mikrowellengeeigneten Schüssel Popcorn und Maissnack vermischen. In einem 1-Tasse-Mikrobecher die restlichen **Zutaten** außer dem Käse vermengen.

b) 1 Minute lang auf hoher Stufe in der Mikrowelle erhitzen, oder bis die Margarine schmilzt; Aufsehen. Die Popcornmischung darüber gießen.

c) Rühren, bis alles gleichmäßig bedeckt ist. Ohne Deckel 2-4 Minuten in der Mikrowelle erhitzen, bis sie geröstet sind, dabei jede Minute umrühren. Parmesankäse darüber streuen.

d) Heiß servieren.

20. Arancini-Bällchen

Macht 18

Zutaten

- 2 Esslöffel Olivenöl
- 15 g ungesalzene Butter
- 1 Zwiebel, fein gehackt
- 1 große Knoblauchzehe, zerdrückt
- 350g Risottoreis
- 150 ml trockener Weißwein
- 1,2 l heiße Hühner- oder Gemüsebrühe
- 150g Parmesan, fein gerieben
- 1 Zitrone, fein abgerieben
- 150 g Kugelmozzarella, in 18 kleine Stücke gehackt
- Pflanzenöl, zum Frittieren

Für die Beschichtung

- 150 g einfaches Mehl
- 3 große Eier, leicht geschlagen
- 150 g feine getrocknete Semmelbrösel

Wegbeschreibung :

a) In einem Topf Öl und Butter schaumig erhitzen. Fügen Sie die Zwiebel und eine Prise Salz hinzu und kochen Sie das Ganze 15 Minuten lang oder bis es weich und durchscheinend ist bei schwacher Hitze.

b) Nach dem Hinzufügen des Knoblauchs noch eine Minute kochen lassen.

c) Den Reis dazugeben und noch eine Minute köcheln lassen, bevor man den Wein hinzufügt. Die Flüssigkeit zum Kochen bringen und kochen, bis sie auf die Hälfte reduziert ist.

d) Mit der Hälfte der Brühe aufgießen und weiterrühren, bis der größte Teil der Flüssigkeit aufgesogen ist.

e) Während der Reis die Flüssigkeit aufnimmt, die restliche Brühe schöpflöffelweise unter ständigem Rühren hinzufügen, bis der Reis gar ist.

f) Den Parmesan und die Zitronenschale dazugeben und mit Salz und Pfeffer abschmecken. Das Risotto in ein Backblech mit Rand geben und zum

Abkühlen auf Zimmertemperatur beiseite stellen.

g) Teilen Sie das gekühlte Risotto in 18 gleiche Teile, jeweils etwa so groß wie ein Golfball.

h) Drücken Sie in Ihrer Handfläche eine Risottokugel flach und legen Sie ein Stück Mozzarella in die Mitte. Wickeln Sie dann den Käse in den Reis und formen Sie ihn zu einer Kugel.

i) Mit den restlichen Risottobällchen ebenso verfahren.

j) In drei flachen Schüsseln Mehl, Eier und Semmelbrösel vermischen. Jede Risotto-Kugel sollte zuerst bemehlt, dann in Eier und schließlich in Semmelbrösel getunkt werden. Auf einen Teller legen und wegstellen.

k) Füllen Sie einen großen Topf mit dickem Boden zur Hälfte mit Pflanzenöl und erhitzen Sie ihn bei mittlerer bis niedriger Hitze, bis ein Kochthermometer 170 °C anzeigt oder ein Stück Brot in 45 Sekunden goldbraun wird.

l) Geben Sie die Risottobällchen portionsweise in das Öl und braten Sie sie 8-10 Minuten lang oder bis sie goldbraun sind und in der Mitte geschmolzen sind.

m) Auf ein mit einem sauberen Küchentuch ausgelegtes Tablett legen und beiseite stellen.

n) Servieren Sie die Arancini warm oder mit einer einfachen Tomatensauce zum Eintunken.

21. Manchego mit Orangenkonfitüre

Zutaten

Ergibt etwa 4 Tassen

- 1 Knoblauchzehe
- 1 1/2 Tassen Olivenöl, plus mehr zum Beträufeln
- Koscheres Salz
- 1 Sevilla- oder Nabelorange
- 1/4 Tasse Zucker
- 1 Pfund junger Manchego-Käse, in 3/4-Zoll-Stücke geschnitten
- 1 Esslöffel fein gehackter Rosmarin
- 1 Esslöffel fein gehackter Thymian
- Geröstetes Baguette

Wegbeschreibung :

a) Heizen Sie den Ofen auf 350 Grad Fahrenheit vor. Entfernen Sie die Oberseite der Knoblauchknolle und legen Sie sie auf ein Stück Folie. Mit Salz würzen und mit Öl beträufeln.

b) Sicher in Folie einwickeln und 35–40 Minuten backen, oder bis die Haut goldbraun und die Nelken weich sind. Abkühlen lassen. Drücken Sie die Nelken in eine große Rührschüssel.

c) Schneiden Sie gleichzeitig 1/4 Zoll ab, entfernen Sie die Ober- und Unterseite der Orange und vierteln Sie sie der Länge nach. Entfernen Sie das Fruchtfleisch in einem Stück von jedem Viertel der Schale, mit Ausnahme der weißen Haut (bewahren Sie die Schalen auf).

d) Den aus dem Fleisch gepressten Saft in einer kleinen Schüssel beiseite stellen.

e) Schneiden Sie die Schale in viertel Zoll große Stücke und geben Sie sie in einen kleinen Topf mit so viel kaltem Wasser, dass sie 2,5 cm bedeckt ist. Zum Kochen bringen, dann abtropfen lassen; Wiederholen Sie dies noch zweimal, um die Bitterkeit loszuwerden.

f) In einem Topf die Orangenschalen, den Zucker, den beiseite gestellten Orangensaft und 1/2 Tasse Wasser vermischen.

g) Zum Kochen bringen; Reduzieren Sie die Hitze auf eine niedrige Stufe und köcheln Sie unter regelmäßigem Rühren 20–30 Minuten lang oder bis die Schalen zart und die Flüssigkeit sirupartig ist. Lassen Sie die Orangenkonfitüre abkühlen.

h) Orangenkonserven, Manchego, Rosmarin, Thymian und die restlichen 1 1/2 Tassen Öl in der Schüssel mit dem Knoblauch vermengen. Nach dem Abdecken mindestens 12 Stunden im Kühlschrank lagern.

i) Bringen Sie den marinierten Manchego vor dem Servieren mit Toast auf Zimmertemperatur.

22. Italienische Nachos

Portionen: 1

Zutaten

Alfredo Sauce

- 1 Tasse halb und halb
- 1 Tasse Sahne
- 2 Esslöffel ungesalzene Butter
- 2 Knoblauchzehen gehackt
- 1/2 Tasse Parmesan
- Salz und Pfeffer
- 2 Esslöffel Mehl

Nachos

- Wan-Tan-Hüllen in Dreiecke geschnitten
- 1 Huhn gekocht und zerkleinert
- Sautierte Paprika
- Mozzarella Käse
- Oliven
- Petersilie gehackt
- Parmesan Käse

- Öl zum Braten von Erdnüssen oder Raps

Wegbeschreibung :

a) Die ungesalzene Butter in einen Soßentopf geben und bei mittlerer Hitze schmelzen.

b) Den Knoblauch unterrühren, bis die gesamte Butter geschmolzen ist.

c) Das Mehl schnell hinzufügen und ständig verrühren, bis es verklumpt und goldbraun ist.

d) In einer Rührschüssel die Sahne und die Hälfte der Sahne vermischen.

e) Zum Kochen bringen, dann auf niedrige Hitze reduzieren und 8-10 Minuten kochen lassen, oder bis es eingedickt ist.

f) Mit Salz und Pfeffer würzen.

g) Wontons: Erhitzen Sie das Öl in einer großen Pfanne bei mittlerer bis hoher Hitze, etwa 1/3 der Höhe.

h) Geben Sie die Wan-Tans einzeln hinzu und erhitzen Sie sie, bis sie auf der Unterseite leicht goldbraun sind. Drehen Sie sie dann um und braten Sie sie auf der anderen Seite an.

i) Legen Sie ein Papiertuch über den Abfluss.

j) Heizen Sie den Ofen auf 350 °F vor und legen Sie ein Backblech mit Backpapier aus, gefolgt von den Wontons.

k) Fügen Sie Alfredo-Sauce, Hühnchen, Paprika und Mozzarella-Käse hinzu.

l) Legen Sie es für 5–8 Minuten unter den Grill in Ihren Ofen oder bis der Käse vollständig geschmolzen ist.

m) Aus dem Ofen nehmen und mit Oliven, Parmesan und Petersilie belegen.

23. Hühnchen-Pintxo

Portionen 8

Zutaten

- 1,8 Pfund Hähnchenschenkel ohne Haut und Knochen, in 2,5 cm große Stücke geschnitten
- 1 Esslöffel spanischer geräucherter Paprika
- 1 Teelöffel getrockneter Oregano
- 2 Teelöffel gemahlener Kreuzkümmel
- 3/4 Teelöffel Meersalz
- 3 Knoblauchzehen gehackt
- 3 Esslöffel gehackte Petersilie
- 1/4 Tasse natives Olivenöl extra
- Rote Chimichurri-Sauce

Wegbeschreibung :

a) In einem großen Rührbecken alle Zutaten vermischen und gründlich vermengen, um die Hähnchenstücke zu bedecken. Über Nacht im Kühlschrank marinieren lassen.

b) Bambusspieße 30 Minuten in Wasser einweichen. Hähnchenstücke mit Spießen aufspießen.

c) 8-10 Minuten grillen, oder bis alles durchgegart ist.

24. Italienische Rindfleischverpackungen

PORTIONEN 4

Zutaten

- 1 Teelöffel Olivenöl
- 1/2 Tasse grüne Paprika, in Streifen geschnitten
- 1/2 Tasse Zwiebel, in Streifen schneiden
- 1/2 Peperoncini, in dünne Scheiben geschnitten
- 1/2 Teelöffel italienisches Gewürz
- 8 Scheiben italienisches Deli-Rindfleisch, 1/8 Zoll dick
- 8 Käsestangen

Richtungen

a) In einer mittelgroßen Pfanne das Öl bei mittlerer Hitze erhitzen. Kombinieren Sie das Olivenöl und die folgenden vier Zutaten in einer Rührschüssel. 3-4 Minuten kochen lassen oder bis es knusprig und zart ist.

b) Legen Sie die Mischung auf eine Platte und lassen Sie sie 15 Minuten lang abkühlen.

c) So bereiten Sie es zu: Legen Sie vier Scheiben italienisches Rindfleisch flach auf ein Schneidebrett. Legen Sie je eine Käsestange quer in die Mitte jedes Fleischstücks.

d) Geben Sie einen Teil der Paprika-Zwiebel-Mischung darüber. Falten Sie eine Seite der Rindfleischscheibe über die Käse-Gemüse-Mischung und wickeln Sie sie dann mit der Nahtseite nach unten ein.

e) Die Roll-Ups auf einer Servierplatte anrichten.

25. Italienische Peperoni-Roll-ups

Portionen 35

Zutaten

- 5 10" Mehl-Tortillas (Spinat, sonnengetrocknete Tomaten oder Weißmehl)
- 16 Unzen Frischkäse weich
- 2 Teelöffel gehackter Knoblauch
- 1/2 Tasse Sauerrahm
- 1/2 Tasse Parmesankäse
- 1/2 Tasse geriebener italienischer Käse oder Mozzarella-Käse
- 2 Teelöffel italienisches Gewürz
- 16 Unzen Peperonischeiben
- 3/4 Tasse fein gehackte gelbe und orange Paprika
- 1/2 Tasse fein gehackte frische Pilze

Wegbeschreibung :

a) Den Frischkäse in einer Rührschüssel glatt rühren. Knoblauch, Sauerrahm, Käse und italienische Gewürze in einer

Rührschüssel vermischen. Mischen, bis alles gut vermischt ist.

b) Verteilen Sie die Mischung gleichmäßig auf den 5 Mehl-Tortillas. Bedecken Sie die gesamte Tortilla mit der Käsemischung.

c) Eine Peperonischicht auf die Käsemischung legen.

d) Überlappen Sie die Peperoni mit den grob geschnittenen Paprikaschoten und Pilzen.

e) Rollen Sie jede Tortilla fest und wickeln Sie sie in Plastikfolie ein.

f) Für mindestens 2 Stunden im Kühlschrank ruhen lassen.

MEDITERRANES HAUPTGERICHT

26. Italienischer spanischer Reis

Portionen : 6

Zutaten :

- 1-28-Unzen-Dose italienische gewürfelte oder zerkleinerte Tomaten
- 3 Tassen gedämpfter weißer Langkornreis beliebiger Art, nach Packungsgröße zubereitet
- 3 Esslöffel Raps- oder Pflanzenöl
- 1 geschnittene und gereinigte Paprika
- 2 Zehen frischer Knoblauch gehackt
- 1/2 Tasse Rotwein oder Gemüse oder Brühe
- 2 Esslöffel gehackte frische Petersilie
- 1/2 Teelöffel getrockneter Oregano und getrocknetes Basilikum
- Salz, Pfeffer, Cayennepfeffer nach Geschmack
- Garnitur: geriebener Parmesan und Romano-Mischkäse
- Sie können auch alle gekochten Reste ohne Knochen hinzufügen: gewürfeltes Steak, gewürfelte Schweinekoteletts,

gewürfeltes Hühnchen oder versuchen Sie es mit zerkleinerten Fleischbällchen oder geschnittener italienischer Brühwurst.

- Optionales Gemüse: gewürfelte Zucchini, geschnittene Pilze, gehobelte Karotten, Erbsen oder jede andere Gemüsesorte, die Sie bevorzugen.

Wegbeschreibung :

a) Olivenöl, Paprika und Knoblauch in eine große Bratpfanne geben und 1 Minute kochen lassen.

b) Geben Sie die gewürfelten oder zerdrückten Tomaten, den Wein und die restlichen Zutaten in die Pfanne.

c) 35 Minuten köcheln lassen, oder länger, wenn Sie mehr Gemüse hinzufügen.

d) Wenn Sie es verwenden, fügen Sie das vorbereitete Fleisch hinzu und erhitzen Sie es etwa 5 Minuten lang in der Soße, bevor Sie den gekochten weißen Reis unterheben.

e) Außerdem ist das Fleisch bei Verwendung bereits gegart und muss nur noch in der Soße aufgewärmt werden.

f) Zum Servieren die Sauce mit dem gemischten Reis auf eine Platte geben und mit geriebenem Käse und frischer Petersilie belegen.

27. Italienische Twist-Paella

Für 4 Personen

Zutaten

- 2 Hähnchenschenkel, mit Haut, gebräunt
- 2 Hähnchenschenkel, mit Haut, gebräunt
- 3 große Stücke italienische Wurstwaren, gebräunt und dann in 2,5 cm große Stücke geschnitten
- 1 rote und gelbe Paprika, in Streifen geschnitten und vorgeröstet
- 1 Bund Babybroccolini, vorgekocht
- $1\frac{1}{2}$ Tassen Reis, ein Kurzkornreis wie Carnaroli oder Arborio
- 4 Tassen Hühnerbrühe, erwärmt
- 1 Tasse geröstetes rotes Paprikapüree
- $\frac{1}{4}$ Tasse trockener Weißwein
- 1 mittelgroße Zwiebel, groß gewürfelt
- 4 große Knoblauchzehen, gehobelt
- geriebener Parmesan oder Romano-Käse
- Olivenöl

Wegbeschreibung :

a) Beginnen Sie damit, Ihre Hähnchenstücke in einer Paella-Pfanne zu bräunen, so dass auf beiden Seiten eine gute Kruste entsteht und sie fast durchgaren, aber nicht ganz, und dann beiseite stellen.

b) Wischen Sie überschüssiges Öl von der Pfanne und anschließend von den Wurststücken ab.

c) In einer großen Pfanne Olivenöl beträufeln, dann den gehobelten Knoblauch und die Zwiebel dazugeben und anbraten, bis sie weich und goldbraun sind.

d) Den Wein dazugeben und eine Minute köcheln lassen.

e) Kombinieren Sie den gesamten Reis mit der Hälfte Ihres Paprikapürees oder etwas mehr. Rühren Sie es um, bis es gleichmäßig bedeckt ist, und drücken Sie dann die Reismischung auf den Boden der Pfanne.

f) Etwas geriebenen Käse, Salz und Pfeffer zum Reis geben.

g) Ordnen Sie die Wurststücke zusammen mit den Hähnchenstücken rund um die Pfanne an.

h) Das restliche Gemüse kreativ um das Fleisch verteilen.

i) Alle 4 Tassen warme Brühe vorsichtig darüber schöpfen.

j) Für mehr Geschmack mit einem Backpinsel zusätzliches rotes Paprikapüree auf das Hähnchen streichen und bei Bedarf rundherum noch etwas mehr darauf verteilen.

k) Bei schwacher Hitze und locker mit Folie abgedeckt garen, bis die Feuchtigkeit verdampft ist.

l) Heizen Sie den Ofen auf 375 °F vor und backen Sie die abgedeckte Pfanne 15-20 Minuten lang, um sicherzustellen, dass das Fleisch durchgegart ist.

m) Weiter auf dem Herd kochen, bis der Reis weich ist.

n) Die gesamte Zeit sollte etwa 45 Minuten betragen.

o) Zum Abkühlen einige Minuten beiseite stellen.

p) Mit frischem Basilikum und gehackter Petersilie garnieren.

28. Spanischer Kartoffelsalat

Für 4 Personen

Zutaten :

- 3 mittelgroße (16 oz) Kartoffeln
- 1 große (3 oz) Karotte, gewürfelt
- 5 Esslöffel geschälte grüne Erbsen
- 2/3 Tasse (4 oz) grüne Bohnen
- 1/2 mittelgroße Zwiebel, gehackt
- 1 kleine rote Paprika, gehackt
- 4 Cocktailgurken, in Scheiben geschnitten
- 2 Esslöffel Babykapern
- 12 mit Sardellen gefüllte Oliven
- 1 hartgekochtes Ei, in dünne Scheiben geschnitten, 2/3 Tasse (5 fl. oz) Mayonnaise
- 1 Esslöffel Zitronensaft
- 1 Teelöffel Dijon-Senf

- Frisch gemahlener schwarzer Pfeffer nach Geschmack. Gehackte frische Petersilie zum Garnieren

Wegbeschreibung :

a) Kartoffeln und Karotten in leicht gesalzenem Wasser in einem Topf kochen. Zum Kochen bringen, dann auf niedrige Hitze reduzieren und kochen, bis es fast weich ist.

b) Erbsen und Bohnen dazugeben und unter gelegentlichem Rühren köcheln lassen, bis das gesamte Gemüse weich ist. Das Gemüse abtropfen lassen und zum Servieren auf einen Teller legen.

c) In einer großen Rührschüssel Zwiebeln, Paprika, Gewürzgurken, kleine Kapern, mit Sardellen gefüllte Oliven und Eierstücke vermischen.

d) Mayonnaise, Zitronensaft und Senf in einer separaten Schüssel vollständig vermischen. Gießen Sie diese Mischung auf die Servierplatte und rühren Sie gut um, um alle **Zutaten zu bedecken** . Mit einer Prise Salz und Pfeffer vermengen.

e) Nach dem Garnieren mit gehackter Petersilie in den Kühlschrank stellen.

f) Um den Geschmack des Salats zu verstärken, lassen Sie ihn vor dem Servieren etwa eine Stunde bei Zimmertemperatur ruhen.

29. Spanische Carbonara

Für 2-3 Personen

Zutaten

- 1 kleine Chorizo, gewürfelt
- 1 Knoblauchzehe fein gehackt
- 1 kleine Tomate gewürfelt
- 1 Dose Kichererbsen
- Trockengewürze: Salz, Chiliflocken, Oregano, Fenchelsamen, Sternanis
- Piment (Paprika) für die Eier
- Natives Olivenöl extra
- 2 Eier
- 4-6 Unzen. Pasta
- italienischer Käse von guter Qualität

Wegbeschreibung :

a) In einer kleinen Menge Olivenöl Knoblauch, Tomate und Chorizo einige Minuten anbraten, dann Bohnen sowie flüssige und trockene Gewürze hinzufügen. Zum Kochen bringen, dann die Hitze reduzieren, bis die Flüssigkeit auf die Hälfte reduziert ist.

b) In der Zwischenzeit das Nudelwasser zum Kochen bringen und die Eier vorbereiten, um sie in die Pfanne mit den Kichererbsen und in den vorgeheizten Ofen zu geben. Um den spanischen Geschmack zu verleihen, bestreue ich sie mit der vorbereiteten Gewürzmischung und Piment.

c) Jetzt ist der ideale Zeitpunkt, die Nudeln in den Topf zu geben, während die Pfanne im Ofen steht und das Wasser kocht. Beide sollten gleichzeitig fertig sein.

30. Fleischbällchen in Tomatensauce

Für 4 Personen

Zutaten :

- 2 Esslöffel Olivenöl
- 8 Unzen Rinderhackfleisch
- 1 Tasse (2 oz) frische weiße Semmelbrösel
- 2 Esslöffel geriebener Manchego- oder Parmesankäse
- 1 Esslöffel Tomatenmark
- 3 Knoblauchzehen, fein gehackt
- 2 Frühlingszwiebeln, fein gehackt
- 2 Teelöffel gehackter frischer Thymian
- 1/2 Teelöffel Kurkuma
- Salz und Pfeffer nach Geschmack
- 2 Tassen (16 oz) Pflaumentomaten aus der Dose, gehackt
- 2 Esslöffel Rotwein
- 2 Teelöffel gehackte frische Basilikumblätter

- 2 Teelöffel gehackter frischer Rosmarin

Wegbeschreibung :

a) Rindfleisch, Semmelbrösel, Käse, Tomatenmark, Knoblauch, Frühlingszwiebeln, Ei, Thymian, Kurkuma, Salz und Pfeffer in einer Rührschüssel vermengen.

b) Aus der Masse mit den Händen 12 bis 15 feste Kugeln formen.

c) Erhitzen Sie das Olivenöl in einer Pfanne bei mittlerer bis hoher Hitze. Einige Minuten kochen lassen oder bis die Fleischbällchen von allen Seiten gebräunt sind.

d) In einer großen Rührschüssel Tomaten, Wein, Basilikum und Rosmarin vermischen. Unter gelegentlichem Rühren etwa 20 Minuten kochen lassen oder bis die Fleischbällchen gar sind.

e) Großzügig salzen und pfeffern, dann mit blanchierten Rapini, Spaghetti oder Brot servieren.

31. Weiße Bohnensuppe

Portionen: 4

Zutaten :

- 1 gehackte Zwiebel
- 2 Esslöffel Olivenöl
- 2 gehackte Selleriestangen
- 3 gehackte Knoblauchzehen
- 4 Tassen Cannellini-Bohnen aus der Dose
- 4 Tassen Hühnerbrühe
- Salz und Pfeffer nach Geschmack
- 1 Teelöffel frischer Rosmarin
- 1 Tasse Brokkoliröschen
- 1 Esslöffel Trüffelöl
- 3 Esslöffel geriebener Parmesankäse

Wegbeschreibung :

a) In einer großen Pfanne das Öl erhitzen.

b) Den Sellerie und die Zwiebel etwa 5 Minuten in einer Pfanne anbraten.

c) Den Knoblauch hinzufügen und umrühren. Weitere 30 Sekunden kochen lassen.

d) Geben Sie die Bohnen, 2 Tassen Hühnerbrühe, Rosmarin, Salz und Pfeffer sowie den Brokkoli hinzu.

e) Bringen Sie die Flüssigkeit zum Kochen und reduzieren Sie sie dann 20 Minuten lang auf niedrige Hitze.

f) Pürieren Sie die Suppe mit Ihrem Stabmixer, bis die gewünschte Konsistenz erreicht ist.

g) Reduzieren Sie die Hitze auf eine niedrige Stufe und streuen Sie das Trüffelöl hinein.

h) Die Suppe in Schüsseln füllen und vor dem Servieren mit Parmesankäse bestreuen.

32. Fischsuppe

Portionen: 8

Zutaten :

- 32 Unzen. Dose gewürfelte Tomaten
- 2 Esslöffel Olivenöl
- $\frac{1}{4}$ Tasse gehackter Sellerie
- $\frac{1}{2}$ Tasse Fischbrühe
- $\frac{1}{2}$ Tasse Weißwein
- 1 Tasse würziger V8-Saft
- 1 gehackte grüne Paprika
- 1 gehackte Zwiebel
- 4 gehackte Knoblauchzehen
- Den Pfeffer nach Geschmack salzen
- 1 Teelöffel italienisches Gewürz
- 2 geschälte und in Scheiben geschnittene Karotten
- 2 $\frac{1}{2}$ Pfund zerschnittener Tilapia
- $\frac{1}{2}$ Pfund geschälte und entdarmte Garnele

Wegbeschreibung :

a) Erhitzen Sie zunächst das Olivenöl in Ihrem großen Topf.

b) Paprika, Zwiebeln und Sellerie 5 Minuten in einer heißen Pfanne anbraten.

c) Danach den Knoblauch hinzufügen. Danach 1 Minute kochen lassen.

d) In einer großen Rührschüssel alle restlichen Zutaten außer den Meeresfrüchten vermischen.

e) Den Eintopf 40 Minuten bei schwacher Hitze kochen.

f) Tilapia und Garnelen dazugeben und umrühren.

g) Weitere 5 Minuten köcheln lassen.

h) Vor dem Servieren abschmecken und nachwürzen.

33. Pasta e Fagioli

Portionen: 10

Zutaten :

- 1 ½ Pfund Rinderhackfleisch
- 2 gehackte Zwiebeln
- ½ Teelöffel rote Paprikaflocken
- 3 Esslöffel Olivenöl
- 4 gehackte Selleriestangen
- 2 gehackte Knoblauchzehen
- 5 Tassen Hühnerbrühe
- 1 Tasse Tomatensauce
- 3 Esslöffel Tomatenmark
- 2 Teelöffel Oregano
- 1 Teelöffel Basilikum
- Salz und Pfeffer nach Geschmack
- 1 15-oz. Cannellini-Bohnen aus der Dose
- 2 Tassen gekochte kleine italienische Nudeln

Wegbeschreibung :

a) In einem großen Topf das Fleisch 5 Minuten lang anbraten, bis es nicht mehr rosa ist. Aus der Gleichung entfernen.

b) In einer großen Pfanne das Olivenöl erhitzen und die Zwiebeln, den Sellerie und den Knoblauch 5 Minuten lang anbraten.

c) Brühe, Tomatensauce, Tomatenmark, Salz, Pfeffer, Basilikum und rote Paprikaflocken hinzufügen und verrühren.

d) Setzen Sie den Deckel auf den Topf. Anschließend die Suppe 1 Stunde kochen lassen.

e) Das Rindfleisch hinzufügen und weitere 15 Minuten kochen lassen.

f) Die Bohnen hinzufügen und umrühren. Danach 5 Minuten bei schwacher Hitze kochen.

g) Die gekochten Nudeln einrühren und 3 Minuten kochen lassen, oder bis sie durchgewärmt sind.

34. Fleischbällchen- und Tortellini-Suppe

Portionen: 6

Zutaten :

- 2 Esslöffel Olivenöl
- 1 gewürfelte Zwiebel
- 3 gehackte Knoblauchzehen
- Salz und Pfeffer nach Geschmack
- 8 Tassen Hühnerbrühe
- 1 ½ Tassen gewürfelte Tomaten aus der Dose
- 1 Tasse gehackter Grünkohl
- 1 Tasse aufgetaute gefrorene Erbsen
- 1 Teelöffel zerstoßenes Basilikum
- 1 Teelöffel Oregano
- 1 Lorbeerblatt
- 1 Pfund aufgetaute Fleischbällchen - jede Art
- 1 Pfund Frischkäse-Tortellini
- ¼ Tasse geriebener Parmesankäse

Wegbeschreibung :

a) In einem großen Topf das Olivenöl erhitzen und die Zwiebel und den Knoblauch 5 Minuten anbraten.

b) In einem großen Topf Hühnerbrühe, gehackte Tomaten, Grünkohl, Erbsen, Basilikum, Oregano, Salz, Pfeffer und Lorbeerblatt vermischen.

c) Als nächstes die Flüssigkeit zum Kochen bringen. Danach 5 Minuten bei schwacher Hitze kochen.

d) Entfernen Sie das Lorbeerblatt und werfen Sie es weg.

e) Nach Zugabe der Fleischbällchen und Tortellini weitere 5 Minuten köcheln lassen.

f) Zu guter Letzt in Schüsseln servieren und mit geriebenem Käse belegen.

35. Hähnchen Marsala

Portionen: 4

Zutaten :

- ¼ Tasse Mehl
- Salz und Pfeffer nach Geschmack
- ½ Teelöffel Thymian
- 4 Hähnchenbrustfilets ohne Knochen , zerstoßen
- ¼ Tasse Butter
- ¼ Tasse Olivenöl
- 2 gehackte Knoblauchzehen
- 1 ½ Tassen geschnittene Pilze
- 1 gewürfelte kleine Zwiebel
- 1 Tasse Marsala
- ¼ Tasse halb und halb oder Sahne

Wegbeschreibung :

a) In einer Rührschüssel Mehl, Salz, Pfeffer und Thymian vermischen.

b) In einer separaten Schüssel die Hähnchenbrüste in der Mischung eintauchen.

c) In einer großen Pfanne Butter und Öl schmelzen.

d) Den Knoblauch 3 Minuten in einer Pfanne anbraten.

e) Das Hähnchen dazugeben und auf jeder Seite 4 Minuten braten.

f) In einer Pfanne Pilze, Zwiebeln und Marsala vermengen.

g) Das Hähnchen 10 Minuten bei schwacher Hitze garen.

h) Übertragen Sie das Huhn auf einen Servierteller.

i) Mischen Sie die halbe Sahne oder Sahne unter. Dann 3 Minuten lang auf höchster Stufe kochen und dabei ständig umrühren.

j) Das Hähnchen mit der Soße übergießen.

36. Knoblauch-Cheddar-Hähnchen

Portionen: 8

Zutaten :

- ¼ Tasse Butter
- ¼ Tasse Olivenöl
- ½ Tasse geriebener Parmesankäse
- ½ Tasse Panko-Semmelbrösel
- ½ Tasse zerstoßene Ritz-Cracker
- 3 gehackte Knoblauchzehen
- 1 ¼ scharfer Cheddar-Käse
- ¼ Teelöffel italienisches Gewürz
- Salz und Pfeffer nach Geschmack
- ¼ Tasse Mehl
- 8 Hähnchenbrust

Wegbeschreibung :

a) Ofen auf 350 Grad Fahrenheit vorheizen.

b) Butter und Olivenöl in einer Pfanne schmelzen und den Knoblauch 5 Minuten anbraten.

c) In einer großen Rührschüssel Semmelbrösel, gebrochene Cracker, beide Käsesorten, Gewürze, Salz und Pfeffer vermengen.

d) Tauchen Sie jedes Hähnchenstück so schnell wie möglich in die Butter-Olivenöl-Mischung.

e) Das Hähnchen bemehlen und darin wälzen.

f) Heizen Sie den Ofen auf 350 °F vor und panieren Sie das Hähnchen mit der Semmelbröselmischung.

g) Legen Sie jedes Hähnchenstück in eine Auflaufform.

h) Die Butter-Öl-Mischung darüber träufeln.

i) Ofen auf 350 °F vorheizen und 30 Minuten backen.

j) Für noch mehr Knusprigkeit 2 Minuten unter den Grill legen.

37. Hähnchen-Fettuccini Alfredo

Portionen: 8

Zutaten :

- 1 Pfund Fettuccine-Nudeln
- 6 Hähnchenbrüste ohne Knochen und ohne Haut, schön in Würfel geschnitten, ¾ Tasse Butter, geteilt
- 5 gehackte Knoblauchzehen
- 1 Teelöffel Thymian
- 1 Teelöffel Oregano
- 1 gewürfelte Zwiebel
- 1 Tasse geschnittene Pilze
- ½ Tasse Mehl
- Salz und Pfeffer nach Geschmack
- 3 Tassen Vollmilch
- 1 Tasse Sahne
- ¼ Tasse geriebener Gruyère-Käse
- ¾ Tasse geriebener Parmesankäse

Wegbeschreibung :

a) Heizen Sie den Ofen auf 350 °F vor und kochen Sie die Nudeln gemäß den Anweisungen in der Packung etwa 10 Minuten lang.

b) In einer Pfanne 2 Esslöffel Butter schmelzen und die Hähnchenwürfel, Knoblauch, Thymian und Oregano hinzufügen und 5 Minuten lang auf niedriger Stufe braten, oder bis das Hähnchen nicht mehr rosa ist. Entfernen.

c) In derselben Pfanne die restlichen 4 Esslöffel Butter schmelzen und die Zwiebeln und Pilze anbraten.

d) Mehl, Salz und Pfeffer 3 Minuten lang einrühren.

e) Sahne und Milch hinzufügen. Weitere 2 Minuten rühren.

f) Den Käse 3 Minuten bei schwacher Hitze einrühren.

g) Geben Sie das Huhn wieder in die Pfanne und würzen Sie es nach Geschmack.

h) 3 Minuten auf niedriger Stufe kochen.

i) Die Soße über die Nudeln gießen.

38. Ziti mit Wurst

Portionen: 8

Zutaten :

- 1 Pfund zerbröckelte italienische Wurst
- 1 Tasse geschnittene Pilze
- ½ Tasse gewürfelter Sellerie
- 1 gewürfelte Zwiebel
- 3 gehackte Knoblauchzehen
- 42 Unzen. gekaufte Spaghettisauce oder selbstgemacht
- Salz und Pfeffer nach Geschmack
- ½ Teelöffel Oregano
- ½ Teelöffel Basilikum
- 1 Pfund ungekochte Ziti-Nudeln
- 1 Tasse geriebener Mozzarella-Käse
- ½ Tasse geriebener Parmesankäse
- 3 Esslöffel gehackte Petersilie

Wegbeschreibung :

a) In einer Pfanne die Wurst, die Pilze, die Zwiebeln und den Sellerie 5 Minuten lang anbraten.

b) Danach den Knoblauch hinzufügen. Weitere 3 Minuten kochen lassen. Aus der Gleichung entfernen.

c) Spaghettisauce, Salz, Pfeffer, Oregano und Basilikum in eine separate Pfanne geben.

d) Die Soße 15 Minuten köcheln lassen.

e) Bereiten Sie die Nudeln in einer Pfanne gemäß den **Anweisungen auf der Packung zu** , während die Sauce kocht. Abfluss.

f) Ofen auf 350 Grad Fahrenheit vorheizen.

g) In eine Auflaufform Ziti, Wurstmischung und geriebenen Mozzarella in zwei Schichten geben.

h) Petersilie und Parmesankäse darüber streuen.

i) Ofen auf 350 °F vorheizen und 25 Minuten backen.

39. Wurst und Paprika

Portionen: 4

Zutaten :

- 1 Packung Spaghetti
- 1 Esslöffel Olivenöl
- 4 süße italienische Wurststücke, in mundgerechte Stücke geschnitten
- 2 rote Paprika in Streifen schneiden.
- 2 grüne Paprika in Streifen schneiden
- 2 orangefarbene Paprika, in Streifen geschnitten
- 3 gehackte Knoblauchzehen
- 1 Teelöffel italienisches Gewürz
- Salz und Pfeffer nach Geschmack
- 3 Esslöffel natives Olivenöl
- 12 Unzen. gewürfelte Tomaten aus der Dose
- 3 Esslöffel Rotwein
- 1/3 Tasse gehackte Petersilie

- ¼ Tasse geriebener Asiago-Käse

Wegbeschreibung :

a) Kochen Sie die Spaghetti gemäß der Packungsanleitung , was etwa 5 Minuten dauern sollte. b)In einer Pfanne das Olivenöl erhitzen und die Würstchen 5 Minuten anbraten.

b) Legen Sie die Wurst auf eine Servierplatte.

c) Paprika, Knoblauch, italienische Gewürze, Salz und Pfeffer in dieselbe Pfanne geben.

d) Esslöffel Olivenöl über die Paprika träufeln .

e) Die gewürfelten Tomaten und den Wein dazugeben und verrühren.

f) Insgesamt 10 Minuten anbraten.

g) Passen Sie die Gewürze an, indem Sie die Spaghetti mit den Paprika vermengen.

h) Petersilie und Asiago-Käse darüber geben.

40. Leckere Lasagne

Portionen: 4

Zutaten :

- 1 ½ Pfund zerkrümelte würzige italienische Wurst
- 5 Tassen im Laden gekaufte Spaghettisauce
- 1 Tasse Tomatensauce
- 1 Teelöffel italienisches Gewürz
- ½ Tasse Rotwein
- 1 Esslöffel Zucker
- 1 Esslöffel Öl
- 5 gehackte Knoblauchzehen
- 1 gewürfelte Zwiebel
- 1 Tasse geriebener Mozzarella-Käse
- 1 Tasse geriebener Provolone-Käse
- 2 Tassen Ricotta-Käse
- 1 Tasse Hüttenkäse
- 2 große Eier

- ¼ Tasse Milch
- 9 Nudeln Lasagne-Nudeln – Parboiled
- ¼ Tasse geriebener Parmesankäse

Wegbeschreibung :

a) Ofen auf 375 Grad Fahrenheit vorheizen.

b) In einer Pfanne die zerbröckelte Wurst 5 Minuten anbraten. Eventuelles Fett sollte entsorgt werden.

c) In einem großen Topf Nudelsauce, Tomatensauce, italienische Gewürze, Rotwein und Zucker vermischen und gründlich verrühren.

d) In einer Pfanne das Olivenöl erhitzen. Dann den Knoblauch und die Zwiebel 5 Minuten lang anbraten.

e) Wurst, Knoblauch und Zwiebel in die Sauce geben.

f) Danach den Topf abdecken und 45 Minuten köcheln lassen.

g) In einer Rührschüssel den Mozzarella- und den Provolone-Käse vermengen.

h) In einer separaten Schüssel Ricotta, Hüttenkäse, Eier und Milch vermischen.

i) Gießen Sie in einer 9 x 13 großen Auflaufform 12 Tassen Soße auf den Boden der Form.

j) Ordnen Sie nun die Nudeln, die Soße, den Ricotta und den Mozzarella in drei Schichten in der Auflaufform an.

k) Parmesankäse darüber verteilen.

l) In einer abgedeckten Form 30 Minuten backen.

m) Nach dem Aufdecken der Form weitere 15 Minuten backen.

41. Diavolo- Meeresfrüchte-Abendessen

Portionen: 4

Zutaten :

- 1 Pfund. große geschälte und entdarmte Garnelen
- ½ Pfund gebratene Jakobsmuscheln
- 3 Esslöffel Olivenöl
- ½ Teelöffel rote Paprikaflocken
- Salz nach Geschmack
- 1 in Scheiben geschnittene kleine Zwiebel
- ½ Teelöffel Thymian
- ½ Teelöffel Oregano
- 2 zerdrückte Sardellenfilets
- 2 Esslöffel Tomatenmark
- 4 gehackte Knoblauchzehen
- 1 Tasse Weißwein
- 1 Teelöffel Zitronensaft
- 2 ½ Tassen gewürfelte Tomaten

- 5 Esslöffel Petersilie

Wegbeschreibung :

a) In einer Rührschüssel Garnelen, Jakobsmuscheln, Olivenöl, rote Paprikaflocken und Salz vermischen.

b) Heizen Sie die Pfanne auf 350 °F vor. Die Meeresfrüchte in einzelnen Schichten 3 Minuten lang anbraten. Dies ist etwas, das in Bündeln durchgeführt werden kann.

c) Legen Sie die Garnelen und Jakobsmuscheln auf einen Servierteller.

d) Erhitzen Sie die Pfanne erneut.

e) Zwiebeln, Kräuter, Sardellenfilets und Tomatenmark 2 Minuten anbraten.

f) Wein, Zitronensaft und gewürfelte Tomaten in einer Rührschüssel vermischen.

g) Die Flüssigkeit zum Kochen bringen.

h) Stellen Sie die Temperatur auf eine niedrige Stufe ein. Danach 15 Minuten kochen lassen.

i) Geben Sie die Meeresfrüchte zusammen mit der Petersilie wieder in die Pfanne.

j) 5 Minuten bei schwacher Hitze kochen lassen.

42. Linguine und Garnelen-Scampi

Portionen: 6

Zutaten :

- 1 Packung Linguine-Nudeln
- ¼ Tasse Butter
- 1 gehackte rote Paprika
- 5 gehackte Knoblauchzehen
- 45 rohe große Garnelen, geschält und entdarmt, ½ Tasse trockener Weißwein, ¼ Tasse Hühnerbrühe
- 2 Esslöffel Zitronensaft
- ¼ Tasse Butter
- 1 Teelöffel zerstoßene rote Paprikaflocken
- ½ Teelöffel Safran
- ¼ Tasse gehackte Petersilie
- Salz nach Geschmack

Wegbeschreibung :

a) Kochen Sie die Nudeln gemäß der Packungsanleitung , was etwa 10 Minuten dauern sollte.

b) Lassen Sie das Wasser ab und stellen Sie es beiseite.

c) In einer großen Pfanne die Butter schmelzen.

d) Paprika und Knoblauch in einer Pfanne 5 Minuten anbraten.

e) Die Garnelen dazugeben und weitere 5 Minuten weiterbraten.

f) Legen Sie die Garnelen auf eine Platte, lassen Sie jedoch den Knoblauch und den Pfeffer in der Pfanne.

g) Weißwein, Brühe und Zitronensaft zum Kochen bringen.

h) Geben Sie die Garnelen mit weiteren 14 Tassen Wasser wieder in die Pfanne.

i) Die Paprikaflocken, Safran und Petersilie dazugeben und mit Salz abschmecken.

j) Nach dem Mischen mit den Nudeln 5 Minuten köcheln lassen.

43. Garnelen mit Pesto-Sahnesauce

Portionen: 6

Zutaten :

- 1 Packung Linguine-Nudeln
- 1 Esslöffel Olivenöl
- 1 gehackte Zwiebel
- 1 Tasse geschnittene Pilze
- 6 gehackte Knoblauchzehen
- ½ Tasse Butter
- Salz und Pfeffer nach Geschmack
- ½ Teelöffel Cayennepfeffer
- 1 3/4 Tassen geriebener Pecorino Romano
- 3 Esslöffel Mehl
- ½ Tasse Sahne
- 1 Tasse Pesto
- 1 Pfund gekochte Garnelen, geschält und entdarmt

Wegbeschreibung :

a) Kochen Sie die Nudeln gemäß der Packungsanleitung , was etwa 10 Minuten dauern sollte. Abfluss.

b) In einer Pfanne das Öl erhitzen und die Zwiebeln und Pilze 5 Minuten anbraten.

c) Nach dem Einrühren von Knoblauch und Butter 1 Minute kochen lassen.

d) Die Sahne in eine Pfanne geben und mit Salz, Pfeffer und Cayennepfeffer würzen.

e) Weitere 5 Minuten köcheln lassen.

f) Den Käse dazugeben und umrühren. Weiter schlagen, bis der Käse geschmolzen ist.

g) Anschließend das Mehl untermischen, um die Soße anzudicken.

h) 5 Minuten mit Pesto und Garnelen kochen.

i) Die Nudeln mit der Soße bestreichen.

44. Fisch-Chorizo-Suppe

Portionen : 4

Zutaten :

- 2 Fischköpfe (zum Kochen von Fischfond)
- 500 g Fischfilets , in Stücke geschnitten
- 1 Zwiebel
- 1 Knoblauchzehe
- 1 Tasse Weißwein
- 2 Esslöffel Olivenöl
- 1 Handvoll Petersilie (gehackt)
- 2 Tassen Fischbrühe
- 1 Handvoll Oregano (gehackt)
- 1 Esslöffel Salz
- 1 Esslöffel Pfeffer
- 1 Sellerie
- 2 Dose Tomaten (Tomaten)
- 2 rote Chilis
- 2 Chorizo-Würstchen

- 1 Esslöffel Paprika
- 2 Lorbeerblätter

Wegbeschreibung :

a) Reinigen Sie den Kopf des Fisches. Kiemen sollten entfernt werden. Mit Salz. 20 Minuten bei niedriger Temperatur kochen. Aus der Gleichung entfernen.

b) Gießen Sie das Olivenöl in eine Pfanne. Zwiebel, Lorbeerblätter, Knoblauch, Chorizo und Paprika in einer großen Rührschüssel vermischen. 7 Minuten im Ofen

c) In einer großen Rührschüssel rote Chilis, Tomaten, Sellerie, Pfeffer, Salz, Oregano, Fischbrühe und Weißwein vermischen.

d) Insgesamt 10 Minuten kochen lassen.

e) Den Fisch hineingeben. 4 Minuten im Ofen

f) Als Beilage Reis verwenden.

g) Als Garnitur Petersilie hinzufügen.

45. Spanisches Ratatouille

Portionen : 4

Zutaten :

- 1 rote Paprika (gewürfelt)
- 1 mittelgroße Zwiebel (in Scheiben oder gehackt)
- 1 Knoblauchzehe
- 1 Zucchini (gehackt)
- 1 grüne Paprika (gewürfelt)
- 1 Esslöffel Salz
- 1 Esslöffel Pfeffer
- 1 Dose Tomaten (gehackt)
- 3 Esslöffel Olivenöl
- 1 Spritzer Weißwein
- 1 Handvoll frische Petersilie

Wegbeschreibung :

a) Gießen Sie das Olivenöl in eine Pfanne.

b) Zwiebeln unterheben. Bei mittlerer Hitze 4 Minuten braten lassen.

c) Knoblauch und Paprika dazugeben. Weitere 2 Minuten braten lassen.

d) Zucchini, Tomaten und Weißwein dazugeben und mit Salz und Pfeffer abschmecken.

e) 30 Minuten kochen lassen oder bis es fertig ist.

f) Nach Belieben mit Petersilie garnieren.

g) Als Beilage Reis oder Toast servieren.

h) Genießen!!!

46. Bohnen-Chorizo-Eintopf

Portionen : 3

Zutaten :

- 1 Karotte (gewürfelt)
- 3 Esslöffel Olivenöl
- 1 mittelgroße Zwiebel
- 1 rote Paprika
- 400 g getrocknete Fabesbohnen
- 300 Gramm Chorizo-Wurst
- 1 grüne Paprika
- 1 Tasse Petersilie (gehackt)
- 300g Tomaten (gewürfelt)
- 2 Tassen Hühnerbrühe
- 300 Gramm Hähnchenschenkel (Filets)
- 6 Knoblauchzehen
- 1 mittelgroße Kartoffel (gewürfelt)
- 2 Esslöffel Thymian
- 2 Esslöffel Salz nach Geschmack

- 1 Esslöffel Pfeffer

Wegbeschreibung :

a) Gießen Sie Pflanzenöl in eine Pfanne. Die Zwiebel hineingeben. Bei mittlerer Hitze 2 Minuten braten lassen.

b) In einer großen Rührschüssel Knoblauch, Karotte, Paprika, Chorizo und Hähnchenschenkel vermischen. 10 Minuten zum Garen einplanen.

c) Thymian, Hühnerbrühe, Bohnen, Kartoffeln, Tomaten und Petersilie dazugeben und mit Salz und Pfeffer abschmecken.

d) 30 Minuten kochen lassen oder bis die Bohnen weich und der Eintopf eingedickt sind.

47. Gazpacho

Portionen : 6

Zutaten :

- 2 Pfund reife Tomaten , gehackt
- 1 rote Paprika (gewürfelt)
- 2 Knoblauchzehen (gemahlen)
- 1 Esslöffel Salz
- 1 Esslöffel Pfeffer
- 1 Esslöffel Kreuzkümmel (gemahlen)
- 1 Tasse rote Zwiebel (gehackt)
- 1 große Jalapenopfeffer
- 1 Tasse Olivenöl
- 1 Limette 1 mittelgroße Gurke
- 2 Esslöffel Essig
- 1 Tasse Tomate (Saft)
- 1 Esslöffel Worcestershire-Sauce
- 2 Esslöffel frisches Basilikum (in Scheiben geschnitten)
- 2 Scheiben Brot

Wegbeschreibung :

a) In einer Rührschüssel Gurke, Tomaten, Paprika, Zwiebel, Knoblauch, Jalapeño, Salz und Kreuzkümmel vermischen. Alles vollständig verrühren.

b) In einem Mixer Olivenöl, Essig, Worcestershire-Sauce, Limettensaft, Tomatensaft und Brot vermischen. Mischen, bis die Mischung vollkommen glatt ist.

c) Die gemischte Mischung mithilfe eines Siebs in die Originalmischung einarbeiten.

d) Achten Sie darauf, alles vollständig zu kombinieren.

e) Die Hälfte der Mischung in den Mixer geben und pürieren. Mischen, bis die Mischung vollkommen glatt ist.

f) Geben Sie die gemischte Mischung wieder in den Rest der Mischung. Alles vollständig verrühren.

g) Stellen Sie die Schüssel nach dem Abdecken 2 Stunden lang in den Kühlschrank.

h) Nach 2 Stunden die Schüssel herausnehmen. Die Mischung mit Salz und Pfeffer würzen. Streuen Sie Basilikum über die Form.

i) Aufschlag.

48. Tintenfisch und Reis

Portionen : 4

Zutaten :

- 6 Unzen. Meeresfrüchte (nach Wahl)
- 3 Knoblauchzehen
- 1 mittelgroße Zwiebel (in Scheiben geschnitten)
- 3 Esslöffel Olivenöl
- 1 grüne Paprika (in Scheiben geschnitten)
- 1 Esslöffel Tintenfischtinte
- 1 Bund Petersilie
- 2 Esslöffel Paprika
- 550 Gramm Tintenfisch (gereinigt)
- 1 Esslöffel Salz
- 2 Sellerie (gewürfelt)
- 1 frisches Lorbeerblatt
- 2 mittelgroße Tomaten (gerieben)
- 300 g Calasparra-Reis
- 125 ml Weißwein

- 2 Tassen Fischbrühe
- 1 Zitrone

Wegbeschreibung :

a) Gießen Sie Olivenöl in eine Bratpfanne. Zwiebel, Lorbeerblatt, Pfeffer und Knoblauch in einer Rührschüssel vermengen. Einige Minuten braten lassen.

b) Den Tintenfisch und die Meeresfrüchte hinzufügen. Einige Minuten kochen lassen, dann den Tintenfisch/die Meeresfrüchte entfernen.

c) In einer großen Rührschüssel Paprika, Tomaten, Salz, Sellerie, Wein und Petersilie vermischen. Warten Sie 5 Minuten, bis das Gemüse fertig gegart ist.

d) Den abgespülten Reis in die Pfanne geben. Fischfond und Tintenfischtinte in einer Rührschüssel vermischen.

e) Insgesamt 10 Minuten kochen lassen. Kombinieren Sie die Meeresfrüchte und Tintenfische in einer großen Rührschüssel.

f) Weitere 5 Minuten kochen lassen.

g) Mit Aioli oder Zitrone servieren.

49. Kanincheneintopf in Tomate

Portionen : 5

Zutaten :

- 1 volles Kaninchen , in Stücke geschnitten
- 1 Lorbeerblatt
- 2 große Zwiebeln
- 3 Knoblauchzehen
- 2 Esslöffel Olivenöl
- 1 Esslöffel süßes Paprikapulver
- 2 Zweige frischer Rosmarin
- 1 Dose Tomaten
- 1 Zweig Thymian
- 1 Tasse Weißwein
- 1 Esslöffel Salz
- 1 Esslöffel Pfeffer

Wegbeschreibung :

a) In einer Bratpfanne das Olivenöl bei mittlerer bis hoher Hitze erhitzen.

b) Das Öl vorheizen und die Kaninchenstücke hinzufügen. Frittieren, bis die Stücke gleichmäßig braun sind.

c) Entfernen Sie es, sobald es fertig ist.

d) Zwiebeln und Knoblauch in dieselbe Pfanne geben. Kochen, bis es ganz weich ist.

e) In einer großen Rührschüssel Thymian, Paprika, Rosmarin, Salz, Pfeffer, Tomaten und Lorbeerblatt vermischen. 5 Minuten zum Garen einplanen.

f) Die Kaninchenstücke mit dem Wein vermischen. Zugedeckt 2 Stunden kochen lassen oder bis die Kaninchenstücke gar sind und die Soße eingedickt ist.

g) Mit Bratkartoffeln oder Toast servieren.

50. Garnelen mit Fenchel

Portionen : 3

Zutaten :

- 1 Esslöffel Salz
- 1 Esslöffel Pfeffer
- 2 Knoblauchzehen (in Scheiben geschnitten)
- 2 Esslöffel Olivenöl
- 4 Esslöffel Manzanilla-Sherry
- 1 Fenchelknolle
- 1 Handvoll Petersilienstiele
- 600g Kirschtomaten
- 15 große Garnelen , geschält
- 1 Tasse Weißwein

Wegbeschreibung :

a) In einem großen Topf das Öl erhitzen. Die geschnittenen Knoblauchzehen in eine Schüssel geben. Anbraten lassen, bis der Knoblauch goldbraun ist.

b) Fenchel und Petersilie dazugeben. Bei schwacher Hitze 10 Minuten kochen lassen.

c) In einer großen Rührschüssel Tomaten, Salz, Pfeffer, Sherry und Wein vermischen. 7 Minuten lang kochen lassen, bis die Soße dickflüssig ist.

d) Die geschälten Garnelen darauf legen. 5 Minuten kochen lassen oder bis die Garnelen rosa geworden sind.

e) Mit einer Prise Petersilienblättern garnieren.

f) Mit einer Beilage Brot servieren.

MEDITERRANES DESSERT

51. Schokoladen-Panna Cotta

5 Portionen

Zutaten :

- 500 ml Sahne

- 10 g Gelatine

- 70 g schwarze Schokolade

- 2 Esslöffel Joghurt

- 3 Esslöffel Zucker

- eine Prise Salz

Wegbeschreibung :

a) Gelatine in einer kleinen Menge Sahne einweichen.

b) Gießen Sie die restliche Sahne in einen kleinen Topf. Zucker und Joghurt unter gelegentlichem Rühren zum Kochen bringen, aber nicht kochen. Nehmen Sie die Pfanne vom Herd.

c) Schokolade und Gelatine einrühren, bis sie vollständig aufgelöst sind.

d) Den Teig in die Formen füllen und 2-3 Stunden kalt stellen.

e) Um die Panna Cotta aus der Form zu lösen, lassen Sie sie einige Sekunden lang unter heißem Wasser laufen, bevor Sie das Dessert herausnehmen.

f) Nach Belieben dekorieren und servieren!

52. Käse-Galette mit Salami

5 Portionen

Zutaten :

- 130 g Butter
- 300 g Mehl
- 1 Teelöffel Salz
- 1 Ei
- 80 ml Milch
- 1/2 Teelöffel Essig
- Füllung:
- 1 Tomate
- 1 Paprika
- Zucchini
- Salami
- Mozzarella
- 1 Esslöffel Olivenöl
- Kräuter (wie Thymian, Basilikum, Spinat)

Wegbeschreibung :

a) Butter würfeln.

b) In einer Schüssel oder Pfanne Öl, Mehl und Salz vermischen und mit einem Messer hacken.

c) Ein Ei, etwas Essig und etwas Milch hinzufügen.

d) Beginnen Sie mit dem Kneten des Teigs. Nach dem Rollen zu einer Kugel und dem Einwickeln in Plastikfolie eine halbe Stunde in den Kühlschrank stellen.

e) Schneiden Sie alle Zutaten für die Füllung ab.

f) Legen Sie die Füllung in die Mitte eines großen Teigkreises, der auf Backpapier ausgerollt wurde (außer Mozzarella).

g) Mit Olivenöl beträufeln und mit Salz und Pfeffer würzen.

h) Heben Sie dann die Teigränder vorsichtig an, wickeln Sie sie um die überlappenden Abschnitte und drücken Sie sie leicht fest.

i) Backofen auf 200 °C vorheizen und 35 Minuten backen. Zehn Minuten vor Ende der Backzeit den Mozzarella dazugeben und weiterbacken.

j) Sofort servieren!

53. Tiramisu

Portionen: 6

Zutaten :

- 4 Eigelb
- $\frac{1}{4}$ Tasse weißer Zucker
- 1 Esslöffel Vanilleextrakt
- $\frac{1}{2}$ Tasse Schlagsahne
- 2 Tassen Mascarpone-Käse
- 30 Löffelbiskuits
- 1 $\frac{1}{2}$ Tasse eiskalt gebrühten Kaffee im Kühlschrank aufbewahren
- $\frac{3}{4}$ Tasse Frangelico-Likör
- 2 Esslöffel ungesüßtes Kakaopulver

Wegbeschreibung :

a) In einer Rührschüssel Eigelb, Zucker und Vanilleextrakt cremig rühren.

b) Danach die Schlagsahne schlagen, bis sie fest ist.

c) Den Mascarpone-Käse und die Schlagsahne verrühren.

d) In einer kleinen Rührschüssel den Mascarpone leicht unter das Eigelb heben und beiseite stellen.

e) Den Likör mit dem kalten Kaffee vermischen.

f) Tauchen Sie die Löffelbiskuits sofort in die Kaffeemischung. Wenn die Löffelbiskuits zu nass oder feucht werden, werden sie durchnässt.

g) Legen Sie die Hälfte der Löffelbiskuits auf den Boden einer 23 x 33 cm großen Auflaufform.

h) Die Hälfte der Füllmasse darauf geben.

i) Die restlichen Löffelbiskuits darauflegen.

j) Decken Sie die Form mit einem Deckel ab. Danach 1 Stunde kalt stellen.

k) Mit Kakaopulver bestäuben.

54. Cremiger Ricotta-Kuchen

Portionen: 6

Zutaten :

- 1 im Laden gekaufter Tortenboden
- 1 ½ Pfund Ricotta-Käse
- ½ Tasse Mascarpone-Käse
- 4 geschlagene Eier
- ½ Tasse weißer Zucker
- 1 Esslöffel Brandy

Wegbeschreibung :

a) Ofen auf 350 Grad Fahrenheit vorheizen.

b) Alle Zutaten für die Füllung in einer Rührschüssel vermischen. Anschließend die Mischung in die Kruste gießen.

c) Den Ofen auf 350 °F vorheizen und 45 Minuten backen.

d) Stellen Sie den Kuchen vor dem Servieren mindestens 1 Stunde lang in den Kühlschrank.

55. Aniskekse

Portionen: 36

Zutaten :

- 1 Tasse Zucker
- 1 Tasse Butter
- 3 Tassen Mehl
- ½ Tasse Milch
- 2 geschlagene Eier
- 1 Esslöffel Backpulver
- 1 Esslöffel Mandelextrakt
- 2 Teelöffel Anislikör
- 1 Tasse Puderzucker

Wegbeschreibung :

a) Ofen auf 375 Grad Fahrenheit vorheizen.

b) Zucker und Butter verrühren, bis die Masse leicht und locker ist.

c) Mehl, Milch, Eier, Backpulver und Mandelextrakt nach und nach unterrühren.

d) Den Teig kneten, bis er klebrig wird.

e) Aus 2,5 cm langen Teigstücken kleine Kugeln formen.

f) Heizen Sie den Ofen auf 350 °F vor und fetten Sie ein Backblech ein. Legen Sie die Kugeln auf das Backblech.

g) Heizen Sie den Ofen auf 350 °F vor und backen Sie die Kekse 8 Minuten lang.

h) Anislikör, Puderzucker und 2 Esslöffel heißes Wasser in einer Rührschüssel vermischen.

i) Zum Schluss die Kekse noch warm in die Glasur tauchen.

56. Panna Cotta

Portionen: 6

Zutaten :

- ⅓ Tasse Milch
- 1 Päckchen geschmacksneutrale Gelatine
- 2 ½ Tassen Sahne
- ¼ Tasse Zucker
- ¾ Tasse geschnittene Erdbeeren
- 3 Esslöffel brauner Zucker
- 3 Esslöffel Brandy

Wegbeschreibung :

a) Milch und Gelatine verrühren, bis sich die Gelatine vollständig aufgelöst hat. Aus der Gleichung entfernen.

b) In einem kleinen Topf Sahne und Zucker zum Kochen bringen.

c) Die Gelatinemischung in die Sahne einarbeiten und 1 Minute lang verrühren.

d) Die Mischung auf 5 Auflaufförmchen verteilen.

e) Legen Sie Plastikfolie über die Auflaufförmchen. Danach 6 Stunden kalt stellen.

f) In einer Rührschüssel Erdbeeren, braunen Zucker und Brandy vermischen. mindestens 1 Stunde kalt stellen.

g) Die Erdbeeren auf die Panna Cotta legen.

57. Karamell-Flan

Portionen : 4

Zutaten :

- 1 Esslöffel Vanilleextrakt
- 4 Eier
- 2 Dosen Milch (1 Kondensmilch und 1 gesüßte Kondensmilch)
- 2 Tassen Schlagen Creme
- 8 Esslöffel Zucker

Wegbeschreibung :

a) Heizen Sie den Ofen auf 350 Grad Fahrenheit vor.

b) In einer beschichteten Pfanne den Zucker bei mittlerer Hitze goldbraun schmelzen.

c) Gießen Sie den flüssigen Zucker in eine noch heiße Backform.

d) In einer Rührschüssel die Eier aufschlagen und schlagen. Kondensmilch, Vanilleextrakt, Sahne und gesüßte Milch in einer Rührschüssel vermischen. Machen Sie eine gründliche Mischung.

e) Den Teig in die mit geschmolzenem Zucker überzogene Backform gießen. Stellen Sie die Pfanne in einen größeren Topf mit 2,5 cm kochendem Wasser.

f) 60 Minuten backen .

58. Katalanische Creme

Portionen : 3

Zutaten :

- 4 Eigelb
- 1 Zimt (Stange)
- 1 Zitrone (Zeste)
- 2 Esslöffel Maisstärke
- 1 Tasse Zucker
- 2 Tassen Milch
- 3 Tassen frische Früchte (Beeren oder Feigen)

Wegbeschreibung :

a) In einer Pfanne Eigelb und eine große Portion Zucker verquirlen. Mischen, bis die Mischung schaumig und glatt ist.

b) Die Zimtstange mit Zitronenschale dazugeben. Machen Sie eine gründliche Mischung.

c) Maisstärke und Milch untermischen. Bei schwacher Hitze rühren, bis die Mischung eindickt.

d) Nehmen Sie den Topf aus dem Ofen. Einige Minuten abkühlen lassen.

e) Geben Sie die Mischung in Auflaufförmchen und stellen Sie sie beiseite.

f) Für mindestens 3 Stunden im Kühlschrank ruhen lassen.

g) Zum Servieren den restlichen Zucker über die Auflaufförmchen träufeln.

h) Stellen Sie die Auflaufförmchen auf die unterste Schiene des Boilers. Lassen Sie den Zucker schmelzen, bis er eine goldbraune Farbe annimmt.

i) Als Garnitur mit Früchten servieren.

59. Spanische Orangen-Zitronen-Creme

Portionen : 1 Portionen

Zutat

- 4½ Teelöffel Einfache Gelatine
- ½ Tasse Orangensaft
- ¼ Tasse Zitronensaft
- 2 Tassen Milch
- 3 Eier, getrennt
- ⅔ Tasse Zucker
- Prise Salz
- 1 Esslöffel Abgeriebene Orangenschale

Wegbeschreibung :

a) Gelatine, Orangensaft und Zitronensaft vermischen und 5 Minuten ruhen lassen.

b) Die Milch überbrühen und Eigelb, Zucker, Salz und Orangenschale unterrühren.

c) In einem Wasserbad kochen, bis die Rückseite eines Löffels bedeckt ist (über heißem, nicht kochendem Wasser).

d) Anschließend die Gelatinemischung dazugeben. Cool.

e) Fügen Sie der Mischung steif geschlagenes Eiweiß hinzu.

f) Bis zum Festwerden im Kühlschrank aufbewahren.

60. Betrunkene Melone

Portionen : 4 bis 6 Portionen

Zutat

- Für das Gericht eine Auswahl von 3 bis 6 verschiedenen spanischen Käsesorten
- 1 Flasche Portwein
- 1 Melone , Oberteil entfernt und entkernt

Wegbeschreibung :

a) Ein bis drei Tage vor dem Abendessen den Portwein in die Melone gießen.

b) Im Kühlschrank abkühlen lassen, mit Plastikfolie abdecken und den Deckel wieder aufsetzen.

c) Nehmen Sie die Melone aus dem Kühlschrank und entfernen Sie die Verpackung und den Deckel, wenn Sie servierfertig sind.

d) Entfernen Sie den Portwein von der Melone und geben Sie ihn in eine Schüssel.

e) Schneiden Sie die Melone in Stücke, nachdem Sie die Schale entfernt haben. Legen Sie die Stücke in vier separate gekühlte Schalen.

f) Als Beilage zum Käse servieren.

61. Mandelsorbet

Portionen : 1 Portion

Zutat

- 1 Tasse Blanchierten Mandeln; getoastet
- 2 Tassen Quellwasser
- ¾ Tasse Zucker
- 1 Prise Zimt
- 6 Esslöffel Leichter Maissirup
- 2 Esslöffel Amaretto
- 1 Teelöffel Zitronenschale

Wegbeschreibung :

a) Mahlen Sie die Mandeln in einer Küchenmaschine zu Pulver. In einem großen Topf Wasser, Zucker, Maissirup, Likör, Schale und Zimt vermischen und dann die Erdnüsse hinzufügen.

b) Bei mittlerer Hitze ständig rühren, bis sich der Zucker auflöst und die Mischung kocht. 2 Minuten kochen lassen

c) Zum Abkühlen beiseite stellen. Rühren Sie die Mischung mit einer Eismaschine um, bis sie halb gefroren ist.

d) Wenn Sie keine Eismaschine haben, geben Sie die Mischung in eine Edelstahlschüssel und frieren Sie sie ein, bis sie hart ist. Rühren Sie dabei alle 2 Stunden um.

62. Spanische Apfeltorte

Portionen : 8 Portionen

Zutat

- ¼ Pfund Butter
- ½ Tasse Zucker
- 1 Eigelb
- 1½ Tasse Gesiebtes Mehl
- 1 Strich Salz
- ⅛ Teelöffel Backpulver
- 1 Tasse Milch
- ½ Zitronenschale
- 3 Eigelb
- ¼ Tasse Zucker
- ¼ Tasse Mehl
- 1½ Esslöffel Butter
- ¼ Tasse Zucker
- 1 Esslöffel Zitronensaft
- ½ Teelöffel Zimt

- 4 Äpfel, geschält und in Scheiben geschnitten

- Apfel; Aprikose oder ein beliebiges Gelee nach Wahl

Wegbeschreibung :

a) Heizen Sie den Ofen auf 350 °F vor. Zucker und Butter in einer Rührschüssel vermischen. Die restlichen Zutaten vermischen bis eine Kugel entsteht.

b) Den Teig in einer Springform oder einer Kuchenform ausrollen. Bis zur Verwendung im Kühlschrank aufbewahren.

c) Zitronensaft, Zimt und Zucker in einer Rührschüssel vermischen. Mit den Äpfeln vermengen und vermischen. Dies ist etwas, das im Voraus erledigt werden kann.

d) Die Zitronenschale in die Milch geben. Bringen Sie die Milch zum Kochen und reduzieren Sie sie dann 10 Minuten lang auf niedrige Hitze. In der Zwischenzeit in einem schweren Topf Eigelb und Zucker verquirlen.

e) Wenn die Milch fertig ist, gießen Sie sie langsam unter ständigem Rühren bei schwacher Hitze in die Eigelbmischung. Das Mehl unter Rühren bei schwacher Hitze langsam unterrühren.

f) Rühren Sie die Mischung weiter, bis sie glatt und dick ist. Nehmen Sie die Pfanne vom Herd. Die Butter langsam einrühren, bis sie geschmolzen ist.

g) Füllen Sie die Kruste mit der Vanillesoße. Um eine einfache oder doppelte Schicht zu erhalten, legen Sie die Äpfel darauf. Stellen Sie die Torte nach dem Backen etwa eine Stunde lang in einen auf 180 °C vorgeheizten Ofen.

h) Herausnehmen und zum Abkühlen beiseite stellen. Wenn die Äpfel kühl genug zum Anfassen sind, erwärmen Sie das Gelee Ihrer Wahl und träufeln Sie es darüber.

i) Stellen Sie das Gelee zum Abkühlen beiseite. Aufschlag.

63. Karamell -Pudding

Portionen : 1 Portionen

Zutat

- ½ Tasse Kristallzucker
- 1 Teelöffel Wasser
- 4 Eigelb oder 3 ganze Eier
- 2 Tassen Milch, gebrüht
- ½ Teelöffel Vanilleextrakt

Wegbeschreibung :

a) In einer großen Pfanne 6 Esslöffel Zucker und 1 Tasse Wasser vermischen. Bei schwacher Hitze erhitzen und gelegentlich mit einem Holzlöffel schütteln oder schwenken, um ein Anbrennen zu vermeiden, bis der Zucker goldbraun wird.

b) Gießen Sie den Karamellsirup so schnell wie möglich in eine flache Auflaufform (20 x 20 cm) oder einen Kuchenteller. Abkühlen lassen, bis es hart ist.

c) Heizen Sie den Ofen auf 325 Grad Fahrenheit vor.

d) Entweder das Eigelb oder die ganzen Eier verquirlen. Milch, Vanilleextrakt und den restlichen Zucker unterrühren, bis alles gut vermischt ist.

e) Den abgekühlten Karamell darüber gießen.

f) Stellen Sie die Auflaufform in ein heißes Wasserbad. 1-112 Stunden backen, oder bis die Mitte fest ist. Cool, cool, cool.

g) Zum Servieren vorsichtig auf einen Servierteller stürzen.

64. Spanischer Käsekuchen

Portionen : 10 Portionen

Zutat

- 1 Pfund Frischkäse
- 1½ Tasse Zucker; Granuliert
- 2 Eier
- ½ Teelöffel Zimt; Boden
- 1 Teelöffel Zitronenschale; Gerieben
- ¼ Tasse Ungebleichtes Mehl
- ½ Teelöffel Salz
- 1x Puderzucker
- 3 Esslöffel Butter

Wegbeschreibung :

a) Ofen auf 400 Grad Fahrenheit vorheizen. Den Käse, 1 Esslöffel Butter und den Zucker in einer großen Rührschüssel cremig rühren. Nicht verprügeln.

b) Fügen Sie die Eier einzeln hinzu und schlagen Sie sie nach jeder Zugabe gründlich durch.

c) Zimt, Zitronenschale, Mehl und Salz vermischen. Buttern Sie die Pfanne mit den restlichen 2 Esslöffeln Butter und verteilen Sie sie gleichmäßig mit Ihren Fingern.

d) Den Teig in die vorbereitete Form gießen und 12 Minuten bei 400 Grad backen, dann auf 350 Grad reduzieren und weitere 25 bis 30 Minuten backen. Das Messer sollte frei von Rückständen sein.

e) Wenn der Kuchen auf Zimmertemperatur abgekühlt ist, bestäuben Sie ihn mit Puderzucker.

65. Spanischer frittierter Vanillepudding

Portionen : 8 Portionen

Zutat

- 1 Zimtstange
- Peel von 1 Zitrone
- 3 Tassen Milch
- 1 Tasse Zucker
- 2 Esslöffel Maisstärke
- 2 Teelöffel Zimt
- Mehl; zum Baggern
- Eier waschen
- Olivenöl; zum Braten

Wegbeschreibung :

a) Zimtstange, Zitronenschale, 34 Tassen Zucker und 212 Tassen Milch in einem Topf bei mittlerer Hitze vermischen.

b) Zum Kochen bringen, dann auf niedrige Hitze reduzieren und 30 Minuten kochen lassen. Zitronenschale und Zimtstange entfernen. Restliche Milch und

Maisstärke in einem kleinen Rührbecken vermischen.

c) Gründlich verquirlen. Rühren Sie die Maisstärkemischung in einem langsamen, gleichmäßigen Strahl in die erhitzte Milch. Zum Kochen bringen, dann auf niedrige Hitze reduzieren und unter häufigem Rühren 8 Minuten kochen lassen. Vom Herd nehmen und in eine mit Butter bestrichene 20 cm große Auflaufform füllen.

d) Vollständig abkühlen lassen. Abdecken und kalt stellen, bis es vollständig abgekühlt ist. Formen Sie aus der Vanillesoße 5 cm große Dreiecke.

e) Den restlichen 14 Tassen Zucker und den Zimt in einer Rührschüssel vermischen. Gründlich mischen. Die Dreiecke in Mehl wenden, bis sie vollständig bedeckt sind.

f) Tauchen Sie jedes Dreieck in das Ei und tropfen Sie überschüssiges Wasser ab. Geben Sie die Vanillepuddings wieder in das Mehl und bestreichen Sie sie vollständig.

g) Das Öl in einer großen Bratpfanne bei mittlerer Hitze erhitzen. Legen Sie die

Dreiecke in das heiße Öl und braten Sie sie 3 Minuten lang oder bis sie auf beiden Seiten braun sind.

h) Das Hähnchen aus der Pfanne nehmen und auf Papiertüchern abtropfen lassen. Mit der Zimt-Zucker-Mischung vermengen und mit Salz und Pfeffer würzen.

i) Machen Sie auf die gleiche Weise mit den restlichen Dreiecken weiter.

66. Italienischer Artischockenkuchen

Portionen : 8 Portionen

Zutat

- 3 Eier; Geschlagen
- 1 3 Unzen Packung Frischkäse mit Schnittlauch; Erweicht
- $\frac{3}{4}$ Teelöffel Knoblauchpulver
- $\frac{1}{4}$ Teelöffel Pfeffer
- $1\frac{1}{2}$ Tasse Mozzarella-Käse, teilweise Magermilch; Geschreddert
- 1 Tasse Ricotta-Käse
- $\frac{1}{2}$ Tasse Mayonnaise
- 1 14 Unzen Dose Artischockenherzen; Ausgelaugt
- $\frac{1}{2}$ 15 Unzen Dose Kichererbsen, konserviert; Gespült und abgetropft
- 1 2 1/4 Unzen Dose geschnittene Oliven; Ausgelaugt
- 1 2 Unzen Glas Pimientos; Gewürfelt und abgetropft
- 2 Esslöffel Petersilie; Geschnitten
- 1 Tortenboden (9 Zoll); Ungebacken

- 2 kleine Tomate; Geschnitten

Wegbeschreibung :

a) Eier, Frischkäse, Knoblauchpulver und Pfeffer in einem großen Rührbecken vermischen. Kombinieren Sie 1 Tasse Mozzarella-Käse, Ricotta-Käse und Mayonnaise in einer Rührschüssel.

b) Rühren, bis alles gut vermischt ist.

c) 2 Artischockenherzen halbieren und beiseite stellen. Den Rest der Herzen hacken.

d) Die Käsemischung mit den gehackten Herzen, Kichererbsen, Oliven, Pimientos und Petersilie vermengen. Füllen Sie die Teighülle mit der Mischung.

e) 30 Minuten bei 350 Grad backen. Den restlichen Mozzarella-Käse und Parmesankäse darüber streuen.

f) Weitere 15 Minuten backen oder bis es fest ist.

g) 10 Minuten ruhen lassen.

h) Tomatenscheiben und geviertelte Artischockenherzen darüber verteilen.

i) Aufschlag

67. Italienische gebackene Pfirsiche

Portionen : 1 Portionen

Zutat

- 6 Reife Pfirsiche
- ⅓ Tasse Zucker
- 1 Tasse Gemahlene Mandeln
- 1 Eigelb
- ½ Teelöffel Mandel Extrakt
- 4 Esslöffel Butter
- ¼ Tasse Gehobelte Mandeln
- Sahne , optional

Wegbeschreibung :

a) Heizen Sie den Ofen auf 350 Grad Fahrenheit vor. Pfirsiche sollten abgespült, halbiert und entkernt werden. In einer Küchenmaschine zwei der Pfirsichhälften pürieren.

b) In einer Rührschüssel Püree, Zucker, gemahlene Mandeln, Eigelb und Mandelextrakt vermischen. Für eine glatte Paste alle Zutaten in einer Rührschüssel vermischen.

c) Gießen Sie die Füllung über jede Pfirsichhälfte und legen Sie die gefüllten Pfirsichhälften auf ein gebuttertes Backblech.

d) Mit gehobelten Mandeln bestreuen und die restliche Butter über die Pfirsiche streichen, bevor sie 45 Minuten lang gebacken werden.

e) Heiß oder kalt servieren, mit einer Beilage Sahne oder Eis.

68. Würziger italienischer Pflaumen-Pflaumen-Kuchen

Portionen : 12 Portionen

Zutat

- 2 Tassen Entsteinter und geviertelter Italiener
- Pflaumenpflaumen, gekocht bis
- Weich und gekühlt
- 1 Tasse Ungesalzene Butter, weich
- 1¾ Tasse Kristallzucker
- 4 Eier
- 3 Tassen Gesiebtes Mehl
- ¼ Tasse Ungesalzene Butter
- ½ Pfund Puderzucker
- 1½ Esslöffel Ungesüßter Kakao
- Prise Salz
- 1 Teelöffel Zimt
- ½ Teelöffel Gemahlene Nelken
- ½ Teelöffel Gemahlene Muskatnuss
- 2 Teelöffel Backpulver

- ½ Tasse Milch
- 1 Tasse Walnüsse, fein gehackt
- 2 Dazu 3 EL kräftig, scharf
- Kaffee
- ¾ Teelöffel Vanille

Richtungen:

a) Ofen auf 350°F vorheizen. Eine 10-Zoll-Gugelhupfform mit Butter bestreichen und bemehlen.

b) In einer großen Rührschüssel Butter und Zucker schaumig rühren, bis eine leichte, lockere Masse entsteht.

c) Die Eier einzeln unterrühren.

d) Mehl, Gewürze und Backpulver in einem Sieb vermischen. In Dritteln die Mehlmischung abwechselnd mit der Milch zur Buttermischung geben. Nur schlagen, um die Zutaten zu vermischen.

e) Die gekochten Pflaumen und Walnüsse dazugeben und verrühren. In die vorbereitete Form geben und 1 Stunde lang im 350 °F heißen Ofen backen, oder bis der Kuchen anfängt, von den Seiten der Form zu schrumpfen.

f) Für den Zuckerguss Butter und Puderzucker cremig rühren. Nach und nach den Zucker und das Kakaopulver unter ständigem Rühren hinzufügen, bis alles vollständig vermischt ist. Mit Salz.

g) Rühren Sie jeweils eine kleine Menge Kaffee ein.

h) Schlagen Sie alles, bis es leicht und locker ist, fügen Sie dann Vanille hinzu und dekorieren Sie den Kuchen.

69. Spanische Nussbonbons

Portionen : 1 Portionen

Zutat

- 1 Tasse Milch
- 3 Tassen Hellbrauner Zucker
- 1 Esslöffel Butter
- 1 Teelöffel Vanilleextrakt
- 1 Pfund Walnussfleisch; gehackt

Wegbeschreibung :

a) Kochen Sie die Milch mit dem braunen Zucker, bis sie karamellisiert, und fügen Sie dann kurz vor dem Servieren Butter und Vanilleessenz hinzu.

b) Kurz bevor man die Bonbons vom Feuer nimmt, die Walnüsse hinzufügen.

c) In einer großen Rührschüssel die Nüsse gründlich vermischen und die Mischung in vorbereitete Muffinformen füllen.

d) Sofort mit einem scharfen Messer in Quadrate schneiden.

70. Honig - Pudding

Portionen : 6 Portionen

Zutat

- ¼ Tasse Ungesalzene Butter
- 1½ Tasse Milch
- 2 groß Eier; leicht geschlagen
- 6 Scheiben Weißes Landbrot; zerrissen
- ½ Tasse Klar; dünner Honig, plus
- 1 Esslöffel Klar; dünner Honig
- ½ Tasse Heißes Wasser; Plus
- 1 Esslöffel Heißes Wasser
- ¼ Teelöffel Zimt
- ¼ Teelöffel Vanille

Wegbeschreibung :

a) Heizen Sie den Ofen auf 350 Grad vor und bestreichen Sie mit etwas Butter eine 9-Zoll-Kuchenform aus Glas. Milch und Eier verquirlen, dann die Brotstücke hinzufügen und wenden, damit sie gleichmäßig bedeckt sind.

b) Lassen Sie das Brot 15 bis 20 Minuten einweichen und wenden Sie es dabei ein- oder zweimal. In einer großen beschichteten Pfanne die restliche Butter bei mittlerer Hitze erhitzen.

c) Das eingeweichte Brot in der Butter goldbraun braten, etwa 2 bis 3 Minuten auf jeder Seite. Übertragen Sie das Brot in die Auflaufform.

d) In einer Schüssel den Honig und das heiße Wasser vermischen und verrühren, bis die Mischung gleichmäßig vermischt ist.

e) Zimt und Vanille hinzufügen und die Mischung über und um das Brot träufeln.

f) Etwa 30 Minuten lang backen oder bis es goldbraun ist.

71. Spanische Zwiebeltorte

Portionen : 2 Portionen

Zutat

- ½ Teelöffel Olivenöl
- 1 Liter Spanische Zwiebeln
- ¼ Tasse Wasser
- ¼ Tasse Rotwein
- ¼ Teelöffel Getrockneter Rosmarin
- 250 Gramm Kartoffeln
- 3/16 Tasse Naturjoghurt
- ½ Esslöffel Einfaches Mehl
- ½ Ei
- ¼ Tasse Parmesan Käse
- ⅛ Tasse Gehackte italienische Petersilie

Wegbeschreibung :

a) Bereiten Sie die spanischen Zwiebeln vor, indem Sie sie in dünne Scheiben schneiden und die Kartoffeln und den Parmesankäse reiben.

b) In einer Pfanne mit starkem Boden das Öl erhitzen. Unter gelegentlichem Rühren kochen, bis die Zwiebeln weich sind.

c) 20 Minuten köcheln lassen, bis die Flüssigkeit verdampft ist und die Zwiebeln eine dunkelrotbraune Farbe angenommen haben.

d) Rosmarin, Kartoffeln, Mehl, Joghurt, Ei und Parmesan in einer Rührschüssel vermischen. Zwiebeln unterheben.

e) In einer gut gefetteten ofenfesten Auflaufform (25 cm) die Zutaten gleichmäßig verteilen. Den Ofen auf 200 °C vorheizen und 35–40 Minuten backen, oder bis er goldbraun ist.

f) Mit Petersilie garnieren, bevor es in Spalten geschnitten und serviert wird.

72. Spanisches Pfannensoufflé

Portionen : 1

Zutat

- 1 Box spanischer schneller brauner Reis
- 4 Eier
- 4 Unzen Gehackte grüne Chilis
- 1 Tasse Wasser
- 1 Tasse Geriebener Käse

Wegbeschreibung :

a) Befolgen Sie die Verpackungsanweisungen zum Kochen des Packungsinhalts.

b) Wenn der Reis fertig ist, die restlichen Zutaten, außer dem Käse, unterrühren.

c) Mit geriebenem Käse belegen und 30-35 Minuten bei 180 °C backen.

73. Gefrorener Honig-Semifreddo

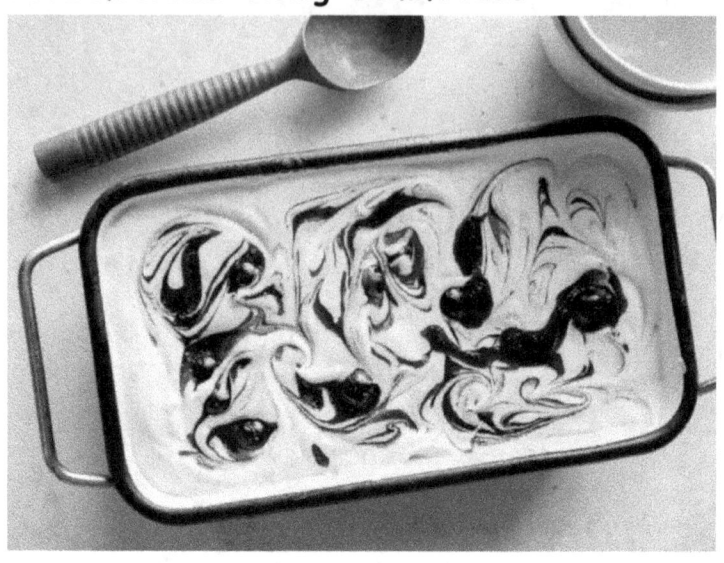

Portionen: 8 Portionen

Zutaten

- 8 Unzen Sahne
- 1 Teelöffel Vanilleextrakt
- 1/4 Teelöffel Rosenwasser
- 4 große Eier
- 4 1/2 Unzen Honig
- 1/4 Teelöffel plus 1/8 Teelöffel koscheres Salz
- Toppings wie geschnittenes Obst, geröstete Nüsse, Kakaonibs oder geraspelte Schokolade

Richtungen

a) Ofen auf 350°F vorheizen. Eine 9 x 5 Zoll große Kastenform mit Frischhaltefolie oder Backpapier auslegen.

b) Für das Semifreddo Sahne, Vanille und Rosenwasser in der Schüssel einer Küchenmaschine mit Schneebesen steif schlagen.

c) In eine separate Schüssel oder einen separaten Teller umfüllen, abdecken und bis zur Verwendung kalt stellen.

d) In der Schüssel einer Küchenmaschine Eier, Honig und Salz verquirlen. Zum Mischen alles mit einem flexiblen Spatel verrühren. Passen Sie die Hitze so an, dass das vorbereitete Wasserbad langsam köchelt, und achten Sie darauf, dass die Schüssel das Wasser nicht berührt.

e) In einem Edelstahlbecken etwa 10 Minuten kochen, dabei regelmäßig mit einem flexiblen Spatel schwenken und abschaben, bis es auf 165 °F erwärmt ist.

f) Übertragen Sie die Mischung in einen Standmixer mit Schneebesenaufsatz, sobald sie 165 °F erreicht hat. Die Eier auf höchster Stufe schaumig schlagen.

g) Die Hälfte der vorbereiteten Schlagsahne vorsichtig mit der Hand unterrühren. Die restlichen Zutaten hinzufügen , schnell verquirlen und dann mit einem flexiblen Spatel unterheben, bis alles gut vermischt ist.

h) In die vorbereitete Kastenform kratzen, fest abdecken und 8 Stunden lang einfrieren, oder bis die Masse fest genug zum Schneiden ist oder bis die Innentemperatur 0 °F erreicht.

i) Drehen Sie das Semifreddo zum Servieren auf eine abgekühlte Schüssel.

74. Zabaglione

Portionen: 4

Zutaten

- 4 Eigelb
- 1/4 Tasse Zucker
- 1/2 Tasse Marsala Dry oder anderer trockener Weißwein
- ein paar Zweige frische Minze

Wegbeschreibung :

a) In einer hitzebeständigen Schüssel Eigelb und Zucker verrühren, bis die Masse hellgelb und glänzend ist. Anschließend sollte der Marsala untergerührt werden.

b) Bringen Sie einen mittelgroßen Topf, der zur Hälfte mit Wasser gefüllt ist, zum Kochen. Beginnen Sie mit dem Schlagen der Ei-Wein-Mischung in der hitzebeständigen Schüssel oben auf dem Topf.

c) 10 Minuten lang mit elektrischen Rührgeräten (oder einem Schneebesen) über heißem Wasser weiter schlagen.

d) Verwenden Sie ein sofort ablesbares Thermometer, um sicherzustellen, dass die Mischung während der Garzeit 160 °F erreicht.

e) Vom Herd nehmen und Zabaglione über die vorbereiteten Früchte schöpfen und mit frischen Minzblättern garnieren.

f) Zabaglione ist gleichermaßen lecker, serviert auf Eis oder pur.

75. Affogato

Portionen: 1

Zutaten

- 1 Kugel Vanilleeis
- 1 Schuss Espresso
- Ein Schuss Schokoladensauce, optional

Wegbeschreibung :

a) In ein Glas eine Kugel Vanilleeis und 1 Schuss Espresso geben.

b) Servieren !

MEDITERRANE GETRÄNKE

76. Rum und Ingwer

Portionen: 1 Person

Zutaten :

- 50 ml Bacardi-Rum
- 100 ml Ingwerbier
- 2 Limettenscheiben
- 2 Spritzer Angosturabitter
- 1 Zweig Minze

Wegbeschreibung :

a) Eis in ein Glas geben.

b) Limettensaft, Rum, Ginger Beer und Bitter hinzufügen.

c) Zutaten vorsichtig zusammen.

d) Mit einer Limettenscheibe und Minzblättern garnieren.

e) Aufschlag.

77. Italienische Sahnesoda

Portionen: 1 Portionen

Zutat

- 1 Unze kalte Milch
- 1 Unze bis 1 1/2 Unze Pfirsich- oder anderer Sirupgeschmack
- Eis
- 9 Unzen Mineralwasser
- Frisches Obst oder halb und halb zum Garnieren

Wegbeschreibung :

a) In einem 12-Unzen-Glas Milch und Sirup vermischen und gründlich umrühren.

b) Füllen Sie das Glas zur Hälfte mit Eis und füllen Sie es dann mit Mineralwasser auf. Noch einmal umrühren.

c) Mit frischem Obst oder einem halben Teelöffel als Beilage servieren.

78. Spanische Sangria

Portionen: 6 bis 8 Portionen

Zutaten

- 1 Orange, in Scheiben geschnitten
- 2 Zitronen, in Scheiben geschnitten
- 1/2 Tasse Zucker
- 2 Flaschen Rotwein
- 2 Unzen Triple Sec
- 1/2 Tasse Brandy
- 2 (12-Unzen) Dosen Zitronen-Limetten-Soda

Wegbeschreibung :

a) In einer großen Bowle die Orange und die Zitronen in 0,35 cm dicke Scheiben schneiden.

b) Fügen Sie 1/2 Tasse Zucker hinzu (oder weniger, falls gewünscht) und lassen Sie die Früchte etwa 10 Minuten lang im Zucker einweichen, gerade lange genug, damit die natürlichen Säfte der Früchte fließen können.

c) Den Wein hinzufügen und gut umrühren, um den Zucker aufzulösen.

d) Triple Sec und Brandy einrühren.

e) 2 Dosen Limonade hinzufügen und umrühren

f) Fügen Sie nach Wunsch mehr Zucker oder Limonade hinzu. Überprüfen Sie, ob sich der Zucker vollständig aufgelöst hat.

g) Um die Bowle vollständig abzukühlen, fügen Sie eine große Menge Eis hinzu.

h) Wenn Sie Sangria in Krügen servieren, füllen Sie diese zur Hälfte mit Eis und gießen Sie dann die Sangria darüber.

79. Tinto de verano

Portion: 1 Portion

Zutaten

- 3 bis 4 Eiswürfel
- 1/2 Tasse Rotwein
- 1/2 Tasse Zitronen-Limetten-Soda
- Zitronenscheibe zum Garnieren

Wegbeschreibung :

a) Eiswürfel in ein hohes Glas geben.

b) Rotwein und Soda dazugeben.

c) Mit einer Zitronenscheibe als Garnitur servieren.

80. Weißwein-Sangria

Portionen: 8 Portionen

Zutaten

- 3 mittelgroße Orangen oder 1 Tasse Orangensaft
- 1 Zitrone, in Spalten geschnitten
- 1 Limette, in Spalten geschnitten
- 1 Flasche Weißwein, gekühlt
- 2 Unzen Brandy, optional
- 2/3 Tasse weißer Zucker
- 2 Tassen Limonade oder Ginger Ale

Wegbeschreibung :

a) In einem Krug den Saft aus den Zitrusspalten auspressen.

b) Entfernen Sie die Kerne und werfen Sie, wenn möglich, die Spalten hinein. Füllen Sie den Krug mit Orangensaft, wenn Sie ihn stattdessen verwenden.

c) Gießen Sie den Weißwein über die Früchte im Krug.

d) Falls verwendet, Brandy und Zucker hinzufügen. Um sicherzustellen, dass sich der gesamte Zucker aufgelöst hat, kräftig umrühren.

e) Bewahren Sie es im Kühlschrank auf, wenn Sie es nicht sofort servieren.

f) Um die Sangria prickelnd zu halten, fügen Sie kurz vor dem Servieren Ginger Ale oder Limonade hinzu.

81. Horchata

Portionen: 4 Portionen

Zutaten

- 1 Tasse weißer Langkornreis
- 1 Zimtstange, gebrochen
- 1 Teelöffel Limettenschale
- 5 Tassen Trinkwasser (aufgeteilt)
- 1/2 Tasse Kristallzucker

Wegbeschreibung :

a) Den Reis im Mixer zerkleinern, bis eine mehlige Konsistenz entsteht.

b) Mit der Zimtstange und der Limettenschale vermengen und über Nacht in einem luftdichten Behälter bei Zimmertemperatur ruhen lassen.

c) Geben Sie die Reismischung wieder in den Mixer und verarbeiten Sie sie, bis die Zimtstangenstücke vollständig zerfallen sind.

d) 2 Tassen Wasser in die Mischung einrühren.

e) Lassen Sie es einige Stunden im Kühlschrank einweichen.

f) Die Flüssigkeit durch ein feines Sieb oder ein paar Schichten Käsetuch in einen Krug oder eine Schüssel abseihen und dabei häufig ausdrücken, um so viel milchiges Reiswasser wie möglich zu entfernen.

g) 3 Tassen Wasser und den Zucker einrühren, bis sich der Zucker vollständig aufgelöst hat.

h) Kühlen Sie die Horchata vor dem Servieren ab.

82. Licor 43 Cuba Libre

Portion: 1 Portion

Zutaten

- 1 Unze Licor 43
- 1/2 Unze Rum
- 8 Unzen Cola
- 1/2 Unze Zitronensaft
- Zitronenscheibe zum Garnieren

Wegbeschreibung :

a) Geben Sie Eiswürfel in ein 12-Unzen-Glas.

b) Geben Sie Licor 43 und Rum in das Glas. Mit Cola auffüllen.

c) Den Zitronensaft in das Glas auspressen; Zum Kombinieren umrühren; und mit einer Zitronenscheibe als Garnitur servieren.

d) Genießen!

83. Frucht Agua Fresca

Zutaten

- 4 Tassen Trinkwasser
- 2 Tassen frisches Obst
- 1/4 Tasse Zucker
- 2 Teelöffel frisch gepresster Limettensaft
- Limettenschnitze zum Garnieren
- Eis

Wegbeschreibung :

a) Wasser, Zucker und Obst in einem Mixer vermischen.

b) Pürieren, bis alles glatt ist. Füllen Sie einen Krug oder einen Servierbehälter zur Hälfte mit der Mischung.

c) Den Limettensaft hinzufügen und verrühren. Bei Bedarf nach der Verkostung noch mehr Zucker hinzufügen.

d) Mit einer Zitronen- oder Limettenscheibe als Garnitur servieren.

e) Nach Belieben auf Eis servieren.

84. Caipirinha

Portion: 1 Portion

Zutaten

- 1/2 Limette
- 1 1/2 Teelöffel feinster Zucker
- 2 Unzen Cachaça/Zuckerrohrlikör
- Limettenscheibe zum Garnieren

Wegbeschreibung :

a) Eine halbe Limette mit einem Messer in kleine Spalten schneiden.

b) Limette und Zucker in einem altmodischen Glas vermischen.

c) Den Cachaça zum Getränk hinzufügen und gut umrühren.

d) Geben Sie kleine Eiswürfel oder gebrochenes Eis in das Glas, rühren Sie erneut um und garnieren Sie es dann mit einem Limettenrad.

85. Carajillo

Zutaten

- ½ Tasse gebrühter Espresso oder entkoffeinierter Espresso
- 1 ½ bis 2 Unzen Licor 43
- 8 Eiswürfel

Wegbeschreibung :

a) Gießen Sie 12 bis 2 Unzen Licor 43 über Eis in ein altmodisches Glas.

b) Geben Sie langsam frisch gebrühten Espresso darüber.

c) Gießen Sie den Espresso über die Rückseite eines Löffels, um einen Stufeneffekt zu erzielen, und servieren Sie ihn dann.

86. Zitronenlikör

Zutaten

- 10 Bio-Zitronen bevorzugt
- 4 Tassen Wodka von hoher Qualität wie Grey Goose
- 3 ½ Tassen Wasser
- 2 ½ Tassen Kristallzucker

Wegbeschreibung :

a) Waschen Sie die Zitronen mit einer Gemüsebürste und heißem Wasser, um eventuelle Rückstände von Pestiziden oder Wachs zu entfernen. Die Zitronen trocken tupfen.

b) Entfernen Sie die Schale der Zitronen in langen Streifen mit einem Gemüseschäler und verwenden Sie dabei nur den gelben äußeren Teil der Schale. Das Mark, der weiße Teil unter der Schale, ist äußerst bitter. Bewahren Sie die Zitronen auf, um sie in einem anderen Gericht zu verwenden.

c) Gießen Sie den Wodka in ein großes Glas oder einen Krug.

d) Geben Sie die Zitronenschalen in das große Glas oder den Krug und bedecken Sie es mit einem Deckel oder einer Plastikfolie.

e) Die Zitronenschalen 10 Tage lang bei Zimmertemperatur im Wodka einweichen.

f) Nach 10 Tagen Wasser und Zucker in einen großen Topf bei mittlerer Hitze geben und etwa 5 – 7 Minuten lang langsam kochen lassen. Vollständig abkühlen lassen.

g) Nehmen Sie den Sirup vom Herd und lassen Sie ihn abkühlen, bevor Sie ihn mit der Limoncello-Mischung aus Zitronenschalen und Wodka vermischen. Füllen Sie die Zitronen-Wodka-Mischung zur Hälfte mit Zuckersirup.

h) Den Limoncello mit einem Sieb, einem Kaffeefilter oder einem Käsetuch abseihen.

i) Die Schalen wegwerfen. Mit einem kleinen Trichter in dekorative Flaschen mit Klemmverschluss umfüllen.

j) Stellen Sie die Flaschen in den Kühlschrank, bis sie vollständig kalt sind.

87. Sgroppino

Zutaten

- 4 Unzen Wodka
- 8 Unzen Prosecco
- 1 Portion Zitronensorbet
- Optionale Beilagen
- Zitronenschale
- Zitronenscheiben
- Zitrone Twist
- frische Minzblätter
- frische Basilikumblätter

Wegbeschreibung :

a) Kombinieren Sie die ersten drei Zutaten in einem Mixer .

b) Verarbeiten, bis alles glatt und vermischt ist.

c) In Champagnergläsern oder Weingläsern servieren.

88. Aperol Spritz

Zutaten

- 3 Unzen Prosecco
- 2 Unzen Aperol
- 1 Unze Limonade
- Garnitur: Orangenscheibe

Wegbeschreibung :

a) In einem mit Eis gefüllten Weinglas Prosecco, Aperol und Limonade verrühren.

b) Als Garnitur eine Orangenscheibe hinzufügen.

89. Brombeer-italienisches Soda

Zutaten

- 1/3 Tasse Brombeersirup
- 2/3 Tasse Limonade

Richtungen

a) Gießen Sie den Sirup in ein 10-Unzen-Glas.

b) Das Soda dazugeben und gut umrühren.

90. Italienischer Kaffee Granita

Zutaten

- 4 Tassen Wasser
- 1 Tasse gemahlener Espresso-Röstkaffee
- 1 Tasse Zucker

Wegbeschreibung :

a) Bringen Sie das Wasser zum Kochen und fügen Sie dann den Kaffee hinzu. Den Kaffee durch ein Sieb gießen. Den Zucker hinzufügen und gut vermischen. Lassen Sie die Mischung auf Raumtemperatur abkühlen.

b) **Zutaten** in einer 9x13x2 großen Pfanne 20 Minuten lang frittieren . Schaben Sie die Mischung mit einem flachen Spatel ab (ich persönlich benutze gerne eine Gabel).

c) Alle 10-15 Minuten kratzen, bis die Mischung dick und körnig ist. Wenn sich dicke Stücke bilden, pürieren Sie diese in einer Küchenmaschine, bevor Sie sie wieder in den Gefrierschrank stellen.

d) Mit einem kleinen Klecks kalter Sahne zu einem schönen, gekühlten Dessert oder Martini servieren.

91. Italienische Basilikumlimonade

Portionen: 6

Zutaten

- 3 Zitronen
- ⅓ Tasse Zucker
- 2 Tassen Wasser
- 1 Tasse Zitronensaft
- ¼ Tasse frische Basilikumblätter

Dienen:

- 2 Tassen Wasser oder Limonade, gekühlt
- Zerstoßenes Eis
- Mit Zitronenscheiben und Basilikumzweigen garnieren

Wegbeschreibung :

a) Zucker, Wasser und 1 Tasse Zitronensaft in einem Topf bei mittlerer Hitze vermischen.

b) Rühren und kochen, bis diese Mischung köchelt und sich der Zucker auflöst. Nehmen Sie die Pfanne vom Herd und rühren Sie die Basilikumblätter und Zitronenschalenstreifen unter.

c) Lassen Sie das Basilikum 5-10 Minuten im Wasser einweichen.

d) Entfernen Sie die Basilikum- und Schalestücke aus dem Zitronen-Basilikum-Sirup, indem Sie ihn abseihen. In einem Einmachglas oder einem anderen abgedeckten Behälter kühl stellen, bis es vollständig abgekühlt ist.

e) Wenn Sie bereit sind, die Limonade zu servieren, vermischen Sie das Limonadenkonzentrat, Wasser oder Limonade, zerstoßenes Eis und Basilikumzweige in einem Krug.

f) In separate Gläser füllen.

g) Zum Garnieren mit frischen Basilikumblättern und Zitronenscheiben belegen.

92. Gingermore

Zutaten

- 1 Unze Limettensaft
- 2 kleine Scheiben frischer Ingwer
- 4 Brombeeren
- Sanpellegrino Limonata

Wegbeschreibung :

a) Zerstoßen Sie die Brombeeren und den frischen Ingwer auf dem Boden eines stabilen, hohen Glases (14 Unzen Fassungsvermögen).

b) Eiswürfel in das Glas geben und mit Sanpellegrino Limonata auffüllen.

c) Mit einem Barlöffel die Zutaten vorsichtig vermengen.

d) Zum Garnieren Zitronenschale, Brombeeren und frische Minze hinzufügen.

93. Hugo

PORTIONEN 1

Zutaten

- 15 cl Prosecco, gekühlt
- 2 cl Holundersirup oder Zitronenmelissensirup
- ein paar Minzblätter
- 1 frisch gepresster Zitronensaft oder Limettensaft
- 3 Eiswürfel
- Shot Mineralwasser oder Sodawasser
- Schneiden Sie eine Zitrone oder Limette zur Dekoration des Glases oder als Garnitur in Scheiben

Wegbeschreibung :

a) Geben Sie die Eiswürfel, den Sirup und die Minzblätter in ein Rotweinglas. Ich empfehle, die Minzblätter vorher leicht abzutupfen, da dies das Aroma des Krauts aktiviert.

b) Gießen Sie frisch gepressten Zitronen- oder Limettensaft in das Glas. Legen Sie eine Zitronen- oder Limettenscheibe in das Glas und fügen Sie kühlen Prosecco hinzu.

c) Geben Sie nach einigen Augenblicken einen Spritzer prickelndes Mineralwasser hinzu.

94. Spanischer Frappé aus frischen Früchten

Portionen : 6 Portionen

Zutaten :

- 1 Tasse Wassermelone , gewürfelt
- 1 Tasse Cantaloupe- Melone , gewürfelt
- 1 Tasse Ananas , gewürfelt
- 1 Tasse Mango , in Scheiben geschnitten
- 1 Tasse Erdbeeren , halbiert
- 1 Tasse Orangensaft
- $\frac{1}{4}$ Tasse Zucker

Wegbeschreibung :

a) Alle **Zutaten** in einer Rührschüssel vermischen. Füllen Sie den Mixer zur Hälfte mit dem Inhalt und füllen Sie ihn mit gebrochenem Eis auf.

b) Abdecken und bei hoher Geschwindigkeit vermischen, bis eine gleichmäßige Konsistenz entsteht. Mit dem Rest der Mischung wiederholen.

c) Sofort servieren, auf Wunsch mit frischem Obst als Beilage.

95. spanischer Art

Portionen : 6 Portionen

Zutat

- ½ Pfund Süße Bäckerschokolade
- 1 Viertel Milch; (oder 1/2 Milch halb Wasser)
- 2 Teelöffel Maisstärke

Wegbeschreibung :

a) Brechen Sie die Schokolade in kleine Stücke und vermischen Sie sie mit der Milch in einem Topf.

b) Unter ständigem Rühren mit einem Schneebesen langsam erhitzen, bis die Mischung knapp unter dem Siedepunkt liegt.

c) Lösen Sie die Maisstärke mit ein paar Teelöffeln Wasser auf.

d) Die aufgelöste Maisstärke in die Schokoladenmischung einrühren, bis die Flüssigkeit eindickt.

e) Sofort in warmen Gläsern servieren.

96. Grüner Chinotto

Zutaten :

- 1 oz/3 cl Salbei- und Minzsirup
- 2,5 cl Limettensaft
- Mit Sanpellegrino Chinotto auffüllen

Wegbeschreibung :

a) Gießen Sie den gesamten Sirup und Saft in ein großes, stabiles Glas.

b) Mit einem Barlöffel alles vorsichtig verrühren.

c) Eis in das Glas geben und mit Sanpellegrino Chinotto auffüllen.

d) Mit einem Limettenschnitz und frischer Minze als Garnitur servieren.

97. Rose Spritz

Portionen : 1 Getränk

Zutaten

- 2 Unzen Rosen-Aperitivo oder Rosenlikör
- 6 Unzen Prosecco oder Sekt
- 2 Unzen Limonade
- Eine Grapefruitscheibe zum Garnieren

Wegbeschreibung :

a) In einem Cocktailshaker 1 Teil Rose Aperitivo, 3 Teile Prosecco und 1 Teil Soda vermischen.

b) Kräftig schütteln und in ein Cocktailglas abseihen.

c) Crushed Ice oder Eiswürfel hinzufügen.

d) Als Garnitur eine Grapefruitscheibe hinzufügen. Trinken Sie so schnell wie möglich.

98. Honey Bee Cortado

Zutaten :

- 2 Schuss Espresso
- 60 ml aufgeschäumte Milch
- 0,7 ml Vanillesirup
- 0,7 ml Honigsirup

Wegbeschreibung :

a) Bereiten Sie einen doppelten Espresso-Schuss zu.

b) Bringen Sie die Milch zum Kochen.

c) Den Kaffee mit dem Vanille- und Honigsirup vermischen und gut umrühren.

d) Schäumen Sie eine dünne Schicht auf die Kaffee-Sirup-Mischung, indem Sie zu gleichen Teilen Milch hinzufügen.

99. Zitrusbitter

Portionen: 2

Zutaten :

- 4 Orangen, vorzugsweise Bio
- 3 Esslöffel Sternanis
- 1 Esslöffel Nelken
- 1 Esslöffel grüne Kardamomkapseln
- 1 Esslöffel Enzianwurzel
- 2 Tassen Wodka oder anderer starker Alkohol

Wegbeschreibung :

a) Geben Sie in ein Glas die getrockneten Orangenschalen/-schalen, die anderen Gewürze und die Enzianwurzel. Um die Samen in den Kardamomkapseln freizulegen, zerdrücken Sie sie.

b) Bedecken Sie die Orangenschalen und Gewürze vollständig mit einem starken Alkohol Ihrer Wahl.

c) Schütteln Sie die Mischung für die nächsten Tage mit dem Alkohol. Warten Sie mehrere Tage bis Wochen, bis die

Orangenschalen und Gewürze in den Alkohol eindringen.

d) Von der nun aromatischen Alkoholtinktur die Schalen und Gewürze abseihen.

100. Pisco Sour

Portionen 1

Zutaten

- 2 Unzen Pisco
- 1 Unze einfacher Sirup
- ¾ oz Limettensaft
- 1 Eiweiß
- 2-3 Spritzer Angosturabitter

Richtungen

a) Pisco, Limettensaft, Zuckersirup und Eiweiß in einem Cocktailshaker vermischen.

b) Eis hinzufügen und kräftig schütteln.

c) In ein Vintage-Glas abseihen.

d) Geben Sie ein paar Spritzer Angosturabitter auf den Schaum.

ABSCHLUSS

Zum Abschluss der Seiten von „A Mediterranean Culinary Journey" hoffen wir, dass Sie die Wärme der mediterranen Sonne und die Umarmung ihres reichen kulinarischen Erbes gespürt haben. Durch jedes Rezept haben Sie eine Verbindung zu früheren und heutigen Generationen hergestellt und die Kunst entdeckt, einfache Zutaten in außergewöhnliche Gerichte zu verwandeln, die Körper und Seele nähren.

Mögen die Aromen des Mittelmeers weiterhin Ihre Küchenabenteuer inspirieren. Ganz gleich, ob Sie eine schöne Erinnerung wieder aufleben lassen oder sich auf eine neue kulinarische Entdeckungsreise begeben, möge der Geist des Mittelmeers jeden Bissen mit Freude, Dankbarkeit und einem Gefühl der Verbundenheit mit der Welt um uns herum erfüllen.

Vielen Dank, dass Sie sich mit uns auf diese Reise begeben. Während Sie beim Kochen weiterhin die Sonne genießen, möge Ihr Tisch ein Ort des Feierns, der Verbundenheit und des reinsten Genusses der exquisiten Aromen des Lebens sein.

www.ingramcontent.com/pod-product-compliance
Lightning Source LLC
LaVergne TN
LVHW021652060526
838200LV00050B/2315